生活需要仪式感

渡金沙 著

中国华侨出版社
北京

前言

生活需要仪式感，因为我们总是对活着这件事情很不认真，甚至敷衍。

人的一生，就像是一叶扁舟在大海中漂泊，随时可能沉没或撞上礁石。而仪式感是我们在海边搭建的一座座灯塔，靠着这些灯塔，我们才能看清生活，找到靠岸的方向。

朋友间互道一声问候，情人间共赴一次约会，家人间组织一场聚会……这些都是仪式感的表现方式。仪式感存在于看得见的生活表象里，扎根于看不见的生活态度中，它时不时地提醒我们必须认真对待身边的一切人和事，时不时地给我们潦草而又千篇一律的生活一记火辣辣的巴掌，让我们在仪式感带来的希望中不抱怨、不畏惧，让我们重拾对生活的期望和信心，从而奔赴最好的自己。

仪式感让我们的喜怒哀乐成就不一样的生活，不迷失于是非对错，不纠结于爱恨情仇，在成败得失中亦能挺直腰杆宠辱不惊。在日复一日的重复忙碌中，我们需要制造一些小小的不同，或点缀生活，铭记美好；或调整心情，激励自我……让我们把将就凑合的日子变成讲究体面的生活。仪式感让我们在忙碌疲惫的时候，忽而发现生活的美好，拾起曾经被自己忽略的那份小确幸。

如果没有仪式感，那昨天和今天有什么区别呢？生存与生活的差别，不外乎生存是每天重复着同样的事情，一天又一天，一年又一年，而生活则是由充满各种情愫的不同的日子拼接而成，对于热爱生活的人，每天都是崭新的，因为他们早已把仪式感贯穿生活的始终。为每一个普通的日子和行为赋予仪式感，赋予仪式感以不同的内涵，你收获的将是惊喜、精彩甚至是成功。仪式感能让你真切地感受到，自己是在享受生活，而不是麻木地活着。

仪式感不流于表面，与金钱无关，与地位无关。它是我们对待生活的态度，是我们内心深处的爱；它帮助我们立足当下，直面人生，品味世间的美好。仪式感与刻意、矫情、做作、虚伪无关，它是你热爱生活的一种方式。生活本身就摆在那里，你对于生活的付出与热爱，值得你这样庄重地对待自己。

目录

第六章 家的样子，就是你的样子

第七章 自在独行，仪式感更是一种行动力

Chapter 8

第一章

一日一生，幸福属于
用心度过每一天的人

懂生活的人，是把爱融进了仪式感

1

恋爱进入第 5 个年头的时候，他们领了结婚证。

回来的路上，他贴近她的耳朵轻声说：今天是你的生日，我订了你喜欢去的餐馆。

奇怪的是，蜡烛并不是她的年龄，而是 5 个数字，那天是 2013 年 9 月 25 日。

后来，她听说，那是"一生就爱我"的意思。

甜甜蜜蜜地一起吃了饭，他还用相机记录下她又哭又笑的脸庞。

婚期定在次年的 5 月，他们开始筹备婚礼。

都是农村苦孩子出身的他们并不富裕，领证的时候，刚刚还清了读书期间的助学贷款。

老家结婚有买"三金"的习俗：金项链、金耳环、金戒指，她说：你看，我平时身上都没有饰品，我不喜欢被束缚，买了也不会戴，就算了吧。

他坚持：拿戒指牢牢套着你，你就永远是我的了。她怕疼不愿意打耳洞，所以只买了项链和戒指，金灿灿的项链上还挂着一个羞怯怯的心形吊坠，就像单纯美丽的她。

在一起的第 9 年，他们的小孩已经 3 岁了，那是个活泼调皮的小男孩。

因为买了房子，经济压力增大，他去了外地工作。每天晚上，他们都要用微信视频通话。

有天晚上，她说：天气那么热，要不周末我们找个地方去避暑吧。

跳来跳去的小男孩听到了，巴巴地跑过来说：豆豆也要去避暑。

她笑了，故意逗孩子：爸爸妈妈是去谈恋爱，你去干吗？

孩子急了：我也要去谈恋爱。

她说：你跟谁谈？

孩子奶声奶气：我要跟爸爸妈妈一起谈啊！

他们都笑了，心中幸福满满。

生活无论轰轰烈烈，还是平平淡淡，总是由很多的细节组成。在乎一个人，必定要通过一些具体的事情或动作表现出来。

给爱的人多一些生活的仪式感，是在乎的表现。

2

小云和小友在一起快 10 年了。

他们是同学介绍认识的，刚在一起的时候，他们住在一间 10 平米都不到的小屋。那时小云还没有工作，小友每个月只有 3000 块钱的工资。在一线城市里，这样的收入只能保证温饱，可是他们生活得很快乐。几年里，他们搬了好几次家，虽说小友偶尔出差，但是他们从未分开。

后来他们结了婚有了孩子，还贷款买了车子和房子。小友为了更高的收入，去了外地工作，他们开始两地分居。

从前一到周末，小友就会陪她逛街，帮她选衣服，给她买喜欢的零食，去中意的餐馆一起吃饭。工作日每天晚上都一起吃晚饭，一起聊天，一起跟孩子玩。几乎未吵过架，每天的生活都温馨而不同。

小友到外地工作以后，一般一周或两周回家一次。每次在家待的时间都比较短，而且要多陪孩子，所以他们很少单独在一起，甚至都没有时间聊天。小云平时也是除了上班就是回家带孩子，生活慢慢一成不变，单调乏味。

她开始发脾气，不像从前那般温柔。小友也发现了这一点，他是那种不善言辞的男生，虽然知道妻子生气的原因，但是他知道言辞是无力的，要真正做点什么，改变目前这种状态。

他很会做饭，其实是为了小云学的，因为她不喜欢厨房。每到周五的时候，他就提前问小云想吃什么，或者列出自己的拿手菜单让小云选。他带她去菜市场，手拉手，细心地选择她喜欢的菜品和水果，小云觉得好像回到了两个人结婚前的生活，一起买菜，回到家，他做饭，还宠溺地让她看电视吃零食。

之前他们为了省钱，很少出去约会。现在每隔一两个月，他们就会去影院看一场电影，一同用午餐。慢慢地，他们仿佛回到了甜蜜的初恋时光。

婚姻如同花草，如果不用心浇灌，终会枯萎。

给平淡的生活多点仪式感，爱情终会走得长远。不一定是生日或者节日，我们只需在柴米油盐的平淡生活中加一点点糖，就能让生活变得甜蜜、有趣而且多彩。

3

幼时家境贫苦，平时生活也都是粗茶淡饭。

但是每到生日那天，母亲都会煮上几个鸡蛋，从中挑出一颗最大最漂亮的，然后从我的前脚尖开始滚动，一路往上，越过头部，往下，一直到脚后跟，口中还念念有词，大意就是鸡蛋会把我身上的灾难病痛都带走。

最后她会将这颗鸡蛋扔在地上，鸡蛋摔裂，母亲长舒一口气道：好了，我儿今年的灾病都没了。

后来外出读书、工作，看到了更广阔的天地，去过了很多的地方，过生日也开始形式多样。

旅游过生日，开 Party 请朋友们来嗨，也吃到了儿时梦寐以求的生日蛋糕……

也很少在父母跟前过生日了。但是，每到父母生日的时候，我都会提前几天计划给父母买些什么，父母生日当天还要去电话表示感谢。

每次他们收到礼物的时候，电话里都会唠叨我乱花钱，可是转头又喜滋滋地穿在身上，用在手上，逢人还夸我孝顺。

如果有人问我们是不是爱自己的父母，我们会给予肯定的回答。事实上，我们总是会认真给自己的孩子过生日，却很难做到在父母的每一个生辰，表达自己的爱。

打一通电话，送一个礼物，陪父母吃一顿饭……

很喜欢《小王子》里的一段对话。

小王子在驯养了狐狸的第二天去见它。

"你最好选同一个时间来，"狐狸说，"比如下午四点钟吧，如果你每天都四点钟来，三点钟时我就会感受到幸福了，并且时间越近，我的幸福感就会越强烈，越接近四点钟，我越会坐立不宁。这样，我就能深刻地体会到幸福来临时的甜蜜和惶恐。但如果你来无定时，我就不知道该什么时候做迎接幸福的准备了……是的，应当有一定的仪式。"

"仪式是什么？"小王子问道。

"仪式呀，"狐狸说，"就是自己确定一个时刻，让它不同于其他时刻；确定一个日子，让它不同于其他日子。就说猎人吧，他们每星期四都去村里和姑娘们跳舞。星期四就是我愉快消闲的日子啦！甚至连葡萄园我也敢信步游逛。但如果猎人们跳舞的日子没个准，那么星期四就不会与众不同了，我的快乐假期也就没有了。"

人生某一个重要的节点，总是要有一些特别的仪式感。这种仪式感能让我们真切地感受到幸福、关切和被重视。

把你的爱融进仪式感，平静的生活就会与众不同，它让我们有所期待，更加幸福。

对生活多一分用心，就会多一分美好

1

一早出门上班，在小区里见到几株不知名的花儿正开得绚烂，微风拂过，粉色的花瓣儿落在草地上，映衬着婆娑的树影，美得让人心醉。

顿时诗意大发，随口吟来："不是花中偏爱你，此花开尽无解语。亦可枝头抱香去，一朝吹落馨满地！"

庆幸自己看到了这么美的景色，上班也成了美好的事情。

难怪总有人说：生活中多一分观察和停留，就会发现一些意外的小美好。

有个特别钟情于厨艺的女同事，对于餐食非常讲究，不仅对每一餐都用心计划，而且在做菜的时候如果发现某一样调料没有了，会立即去超市买来，绝不将就。

可能很多人都会想，不就少个调料吗？味道也不会差多少，随便吃吃算了，下次去超市顺便买来就好了……

我们总是羡慕别人的生活，觉得人家总能把生活过得很有意思，且充满趣味。

是我们自己太懒了吗，还是对自己太吝啬了？才让生活慢慢变得没有涟漪，平淡乏味。

其实那些活得很有质感的人，也许只是在下班路上的花店里买了一束爱人喜欢的花，只是在餐毕将厨具擦得明亮照人，甚至于仅仅是在更换鞋子后将原来的那双整齐地摆放在鞋架上……

想要从生活中有所得，首先要有一颗热爱生活的心。多用一分心，生活才会回馈我们多一分美好。

2

几年前硕士毕业的时候曾给自己送了一份礼物：毕业写真。

同学说：那么贵，刚毕业着急用钱，算了吧。

怀宝宝的时候在寒风萧瑟的冬季挺着大肚子硬拉着老公去照相馆拍了一套孕妇写真。

老公说我：有必要吗？大冬天的感冒了可不值当。

每当外出旅游归来，都会筛选出一部分照片洗出来放在相册中。

家里人说：现在不都是看电子档了吗？花那钱干吗？

然而，毕业时候25岁的青春一去不会再回，和宝宝合体的时光此生可能仅有一次，电子档的文件说不准哪天就全部坏掉了……

老来多健忘，唯不忘时光！当有一天垂垂老矣，当有一天儿女不在眼前，在一个阳光慵懒的午后，准备一杯清茶，翻开时代感满满的相册，细数意气风发的少年时代，怀想鸡飞狗跳的育儿时光，感慨逝者如斯的平凡一生……

周末想约老公出去看电影，看什么电影，吃什么餐，甚至穿什么衣服，都请老公帮忙参详。

他说：都老夫老妻了，有必要吗？家里电视那么大，不是一样看吗？再说，结婚那么多年了，穿衣服还值得纠结？你知道我从来不在乎外表的，无论穿什么，我对你的感情都不会变的。

不，不一样。

家里电视是大，可是家里有孩子嬉闹，电影院里的黑暗中，你拉着我的手一起看我们喜欢的电影，让我觉得这世界上只有你和我两个人。

我就想穿上最漂亮的衣服，化上美丽的妆容，再和你一起共赴一场约会。

有人说：不知道怎么回事，我和他走着走着就散了。

其实，也不一定发生了什么大事，就是爱淡了。

爱情和花草一样，需要浇灌和呵护，不用心浇灌，再好的花儿都会枯萎，更何况人心？

我知道你1个小时以后到家，所以我把你的杯子装满水，只为了你回来就能喝上，我相信你会觉得水是甜的。

我知道你周末有时间，所以我精心准备了一场约会。

……

为喜欢的人花心思，会让人感到幸福。

被人花心思喜欢着，也会让人感到幸福。

3

这是个喧嚣的时代。

这是个快马加鞭的时代。

这也是个急切的时代。

我们行色匆匆，顾不上吃早餐，甚至顾不上睡觉。

忘记了父母的生日，忽略了结婚纪念日，甚至错过了孩子的毕业典礼。

父母埋怨你，爱人数落你，孩子说对你很失望。

你振振有词，生活哪有那么多重要的事，我是在努力赚钱让你们过上美好的生活！

可是，什么是美好的生活？

其实，父母生日欢聚一堂是团圆的美好，结婚纪念日和爱人同乐是相爱的美好，见证孩子毕业是成长的美好……

美好生活一直在我们身边，就看你能不能多用一分心，对生活多一分关注。

一花一草，一鸟一树，破土而出的嫩芽……种种都洋溢着美好与感动。

人只有一生一世，没有来生来世，更谈不上三生三世。只有处处用心，才能让有限的生命活成无限的美好。

诗和远方，与你只隔着一层薄薄的仪式感罢了。

做喜欢的事，是人生的最高仪式

1

我大学时候的专业比较冷门，即便已经毕业10年，在人群里说出来，也还是没有人知道。

毕业的时候，班里三分之二的同学选择考研继续深造，后来还有一小部分读了博士成为教师。只有非常少的几位同学一毕业就进入社会，有成为警察的，有做了村官的，还有到大都市朝九晚五为未来奋斗的。

其中有一个头发卷卷的男同学，在学校的时候不是那种特别外向的，总是一副忧郁的样子，他最喜欢去的地方就是图书馆。

一天，他偶然翻到《哥伦比亚的倒影》这本书，先是被其素雅的封面所吸引，继而又为作者的文笔所倾倒。随后他便一本一本渴读木心先生所有的作品，在了解到他不凡的人生后，更为其人格所倾倒。

他萌生了去乌镇拜访先生的念头，但苦于各种条件限制，直到2011年年底先生去世，也未能成行，这也成了他一生的遗憾。

2012年的夏天，他结束了两年的互联网创业工作，经先生生前好友介绍，他得以进入先生位于乌镇西栅栏财神湾的故居，睹物思人，不免又加深了一层遗憾。

自乌镇归来后，他找到了一份与葡萄酒有关的工作，并渐渐对葡萄酒酿造这一传统手作产生了热切的兴趣。

热览相关信息后，他更加确定了自己想要做的事情。他开始关注宁夏贺兰山东麓产区的情况，当得知一位名为邓钟翔的前辈自法国学成后去到宁夏工作，他便毅然去到宁夏跟从其学习葡萄酒的酿造。

也许是冥冥中自有天意，完全没有葡萄酒酿造经验的他竟意外得到了一个在葡萄酒庄工作的机会。

4年的时间一晃而过，他跟从一个法国师傅学习，采收、浸皮、发酵、榨汁……青春的时光在一瓶瓶葡萄酒的诞生中旋舞，他掌握了葡萄酒的酿造技术，成了一名葡萄酒酿酒师。

2016年的夏天，他在翻阅一本葡萄酒画册时，偶然从前言中得知，该画册的作者曾于几年前去乌镇拜访过木心先生。他这才想起有朋友告诉过他，生前曾有一名宁夏的读者去看望木心先生，并诚意邀请先生去宁夏游玩。先生也曾有意，无奈种种牵绊，终于未能成行。

那时，他便觉得，与先生和这葡萄酒的缘分，原是天定。幸而未辜负。

毕业10年了，同学们都在这社会上摸爬滚打，匆匆忙忙。唯独他，仍悠然酿酒，自在写文。

看到他微文里的照片，淡泊的笑，充满故事的小胡子，头发依然卷卷的，整个人竟和大学时无异。

岁月，果然还是善待执着之人。

我们总能听到很多人抱怨：这不是我喜欢的专业，也不是我原本想要读的大学；这不是我想要的工作，也不是我想要的环境……

很多时候，我们是否真的认真想过：自己喜欢做什么？如果有机会做最喜欢的事情，一切是否就能够朝着自己满意的方向发展？

其实，这些都取决于我们如何去做。

2

村上春树说：你要学会坚持做自己喜欢的事。

这个世界知名作家，读书的时候，真的算不上是个好学生。

父母亲都是国语教师，许是受家庭熏陶，他从小就特别喜欢看书。

父亲看他如此好读，有意培养他在古典文学方面的兴趣。奈何他始终不能如父亲所愿，反而对西方文学很是着迷。

高中的他更是和好学生沾不上边，抽烟、逃课是家常便饭，唯独对书籍的热爱只增不减。

他大量阅读英文原著，并将外国小说用母语翻译出来，这为他后来的文学之路打下了坚实的基础，让他对文字的感受和应用游刃有余。

据说他还迷恋爵士乐，宁愿饿肚子也要买唱片。

他是如此地忙，忙到大学的时候也很少去上课，不是在打工，就是在读书、听音乐。他还在此期间遇到了一生的挚爱，为了结婚，甚至休学了一段时间。

也大概是这些原因，使得村上在早稻田大学足足读了7年，才讨得了一纸文凭。

但那又如何呢？在最美好的岁月里，他一直拥抱着自己最喜欢的一切，做了自己最想做的一切，这就够了。

试问有几个人，这一生敢这样做呢？

毋庸置疑，村上是令人羡慕的。不只是羡慕他如今的成就，更是羡慕他无所畏惧、做想做的事、爱想爱的人的心态和状态。

知道自己想要什么，明确自己想做的事情，无论有多少阻挡，都能义无反顾；不想做的事情，任你是谁，都无法强迫他分毫。

这种气场和执着，是我们这些凡夫俗子效仿不来的。

然而，他也并不是一帆风顺的，和我们很多人一样，他也有生活的辛酸。

和妻子经营酒吧失败，负债累累，被业主赶出来。

他的青春，也是兵荒马乱，意外频频。

可是他仍然坚持着自己喜欢的一切。

村上不是生来的作家。

也不是少年成才。

可能大多数人都不知道，他是在30多岁的时候，突然萌生了写小说的欲望。

他说：有什么东西慢悠悠地从天上飘下来，而我摊开双手牢牢地接住了它。

小说《且听风吟》就是在这个重要的时刻诞生的，一书成名。

这个世界上，有一种叫作"运气"的东西。

但是，运气永远是给有准备的人留着的。

运气背后，是他多年来对于文学的深厚积累，是他对于文学的狂热，也是他成长经历的沉淀，更是他对于喜欢的事情的坚持不懈。

3

摩西奶奶说：人生只有一次，趁年轻，走自己想走的路，做自己想做的事，一切都还来得及。

如果一个人一直坚持做自己喜欢的事情，那该是怎样的一生？

他会看到他想要看到的东西，会遇到他想遇到的人，会接触到更多未知的东西，他会获得快乐和满足，他的心能够看得更远。

喜欢美食，就去尽情品尝吧！

喜欢跑步，就风雨无阻一往无前吧！

喜欢读书，就在书海里尽情畅游吧！

喜欢写作，就和文字来一场永不停歇的恋爱吧！

喜欢那个人，就克服一切阻碍长相厮守吧！

……

这一生，太短，不去做喜欢的事情，难道等到了暮年，徒留悔恨吗？

人生最大的幸福，就是做自己喜欢的事，追自己喜欢的人。从未受过绘画专业训练的摩西奶奶，年幼时就喜欢绘画，但种种原因导致她58岁才开始绘画，而且越画越好。努力固然是一方面，但支撑她走下去并且有所成就的源泉是对于绘画的兴趣和热爱。

每个人的人生都充满阻碍和无奈，所谓喜欢，有时候真的是很奢侈，能够排除万难做自己喜欢的事情，真的是人生最崇高、最珍贵、最无与伦比的仪式了！

你还在等什么？

过素简的日常，不奢侈、不浪费

1

在上海的时候，曾在一个沙龙上认识了个朋友，很是谈得来。他这个人生活得很随性，平时也打扮得非常普通，外出都是简简单单的运动装。饮食上也不是很挑剔，吃饱就好。但实际上他身价不菲。

很多人都觉得他应该像大多数的富豪一样，住豪宅，开豪车，甚至是私人飞机。

事实上，他的日常生活非常素简，普通得与我们一般人无异。他出门连车都不开，市内出行坐地铁、公交，背影总是淹没在人群中。

他还喜欢去菜市场买菜，和摊贩们打成一片，无话不谈，如街坊邻居般。

日常消费节俭，月消费控制在 2000 元以内。

就算过生日也只是和爸爸妈妈一起在家里多做几个菜吃个团圆饭。

然而就是这样一个比较"抠"的富人，遇到需要帮助的人从不"手软"，支援贫困学生、捐钱给福利院、做义工……关键他还不曾轻易谈起自己做的这些善事。

听起来觉得不可思议，然而这就是事实。

在巨大的财富之下，他在保持一颗恬淡之心的同时，还将帮助困难群体视为自己的责任和快乐。

他所追求的，是素简的心态和生活，把助人当作快乐。

他的内心充实而丰盈，从不炫耀自己所拥有的一切、所奉献的一切。内心越是富有，生活越是素简。而生活越素简，灵魂就越自由。

2

毕业至今搬家 7 次，每次整理，都会发现些许旧物。

和他第一次相见时穿的衣裳，如今布料已发黄，款式也过时了，可是看到这件衣服就想起 9 年前初相见时的情景，算是一眼定终身吧，多次搬家也不肯舍弃。

何止这一件呢？

满柜子的衣裳，每逢换季却还是忍不住要添上几件，日积月累，衣柜竟臃肿不堪。事实上，常穿的不过那几件那几款而已。

孩子的玩具，从出生到如今，大大小小，竟装满了好几个箱子。其实，孩子年龄渐长，之前的玩具已经不大喜欢了。

很多旧物都承载着自己的记忆和情感，不忍处理，以致东西太多，凌乱不堪。但是经常用的物件甚至50%都不到，拥挤凌乱的空间让自己的心情也受到影响，于是果断开始处理了。

将很久不穿的衣服塞入小区衣物回收箱，孩子幼时仍完好的玩具转赠给低龄的小朋友，坏了的都扔进垃圾桶，很少看的书籍也赠给有相应爱好的朋友。

收拾完毕，竟发觉原本小的房子大了许多，看起来简洁整齐、利落清爽。空间敞亮了，心情也明亮不少。

想起一句话：一个人占有得越多，被占有得就越多。细细想来觉得不仅有禅意，更有很强的现实意义。

买了房子，但要做30年的房奴，吃喝用度都精打细算；

有了孩子，但成了孩奴，事事以孩子为先，压抑自己；

明星大多有个好身材，在饮食上严格自律，不敢轻易放纵味蕾；

很多漂亮的姑娘，护肤品和化妆品摆满了桌子；

拿着功能多样的智能手机，却不知不觉成了手机的奴隶……

所以说，这个世界，真的没有无成本的占有。

你拥有得越多，就被越多东西绊住手脚。

所以，从某种角度来说，你放下越多，就拥有越多自由。

想活得自由，就要删繁就简。

3

母亲是那种比较典型的农村妇女，一生勤俭节约，不喜欢金银首饰，也不喜欢华丽的穿着。总是朴朴素素，从不铺张浪费。

她一直是我们那边比较能干的类型，无论是田地里的活儿还是外出打工，她赚的钱总是比其他人多。但她都是根据家庭所需，量力添置物品。她是个很有危机意识的人，除去日常所需，有多的钱，她都会积攒起来，以备急用。

　　然而她又异常善良，遇到谁家有困难，或者上门乞讨之人，都会慷慨解囊。村里人都说：你妈妈真是个好人。她的世界里，简单且明亮。

　　虽贫寒，母亲却将家里里外外收拾得干净整洁，我们幼时常着粗布衣衫，但是都得体大方。

　　她自己只有初中学历，却极力支持我们读书，我家兄弟姐妹众多，再加上幼时经济条件不好，现在想来，那时候我们都能读书对父母来说真的是一件异常艰难和辛苦的事，然而我竟一路念到研究生毕业，弟妹们也都有大学学历。母亲常说：人穷，志不能穷。

　　她亦教我们勤俭，在满足生活所需的情况下，不要浪费，不要盲目攀比。我如今能在这偌大的城市里扎根，为自己的孩子赢取一个更高的起点，都是得益于母亲的言传身教。

　　一个人是否能够活得幸福，和他本拥有的东西确实相干。然而，是否能够从家庭、工作和生活中获得长久的幸福，就要看他如何对待生活。

4

　　朋友经营着一家上市公司，旗下众多分公司，分公司的总经理全权负责分公司所有的业务和管理。

　　其中一个总经理是外地人，家里兄弟姐妹众多，祖祖辈辈住在水边，靠养鱼为生。2年前，政府要建设"青山绿水"工程，开发旅游业，以统一价格将鱼苗和相关设备收购。

　　他们拿到赔偿款后在家里建了一套小别墅，准备将来公路通了之后，搞农家乐，但是目前还没有装修，因为赔偿款所剩无几。孩子一直跟着爷爷奶奶生活，他和妻子固定时间往家里寄生活费。他工作的地方属于一线城市，开销比较大，来这里工作的前两年赚到了一些钱，但都投到了家里的别墅上。

公司所属行业是互联网金融，目前受行业监管，生存很是不易，他已经很久没有拿到提成了，每个月靠底薪过日子。

但是这个男人特别要强，他本可以换个行业，不愁赚钱，但是他非常认可公司和所从事的行业，坚信春天总会到来。而且他也不甘心就这样灰溜溜地离开，所以一直带领着大家夹缝中求生存。

最不巧的是，他妻子又怀孕了，家里人希望他们能够要这个孩子，子孙满堂也是他母亲的心愿。作为两个孩子的爸爸，就目前的养育成本来看，他的处境其实非常艰难，然而，他总是乐呵呵的，还经常开导情绪低落的同事。

因为工作的原因，我和他打过几次交道。

他是个特别喜欢茶艺的人，办公室的茶盘等用具都是他自费购买的。他总是淡然地置茶、烧水、温杯、冲泡、倒茶、奉茶，整个过程行云流水，脸上洋溢着平静、温暖的笑容，给人一种非常舒服的感觉。

交谈的过程中，也有员工因为急事进来请示他或者让他签字，他都是非常耐心，一一应对。

我很是好奇，忍不住问他：公司和行业现在这样的情况，为什么你好像毫不在意的样子？一点都不着急吗？

他笑了，说自己以前也是个急性子，后来接触了茶道，就爱上了，开始学会平静和理性。

千利休说："先把水烧开，再加进茶叶，然后用适当的方式喝茶，那就是你所需要知道的一切，除此之外，茶一无所有。"

泡茶及品茶都是修行的过程，一个人泡茶，随心随意，自由自在，不必拘泥于形式与过程，怎么简单怎么来，爱怎么喝怎么喝。

茶道可以让人放空自我，把这世间的繁杂一一解开，变得简单。品茶的时候，有人喝出心静如水，有人喝出春花秋月，有人喝出处变不惊，有人喝出金戈铁马。茶何味，全看喝茶人的心境。心情如何，茶就是什么味道，在品茶人的世界里，一切就是那样简单、直接。在这种素简又接地气的仪式里，品人生百味，守住宁静和初心。

而泡茶的那个人，沉醉在茶道的沉静和包容里，什么都不去纠结，什么都不去过度思虑。人一旦沉淀下来，心灵的眼睛就会打开，让你从尘世的谜团和不解中超脱出来，让你看清要走的路，以及如何去走。

人生也如此，素简些，让灵魂经常接受洗礼，方能获得真正的自在和方向。

任何时候都不放弃对美好的追求

1

《格林童话》里有一则故事叫《小弟弟和小姐姐》，说的是姐弟俩生母早亡，他们不堪继母虐待所以逃走了。

在逃走的路上，弟弟口渴极了，所以即便是知道小溪被继母施了妖法，还是喝下了溪水，从而变成了一头小鹿。但姐姐并没有放弃弟弟，很细心地照顾他，给他找食物，为他疗伤，盼望着弟弟重新变回人。

有一天，一个国王见到了姐姐，并娶了她，立她为王后，还接纳了小鹿。一家人生活得非常开心，姐姐为国王生下一个漂亮的男孩，一切都是那么美好。

恶毒的继母本来以为两个孩子已经死掉了，结果听说他们生活得很幸福，不禁妒火中烧。她使诡计害死了王后，还让自己的女儿冒充王后住在王宫里。

真正的王后的灵魂每天夜里都会来给婴儿哺乳，直到有一天，国王发现夜里来的才是自己真正的妻子，他一认出她，王后马上就恢复了生命。

后来，国王把恶毒的继母处死了，魔法解除，弟弟也恢复了人类的样貌，从此和姐姐幸福地生活在一起。

姐姐和弟弟一直经历磨难，但是从未放弃过追求美好和幸福，最终得到了自己想要的生活。

这世上，没有真正的岁月静好，亦没有表面看上去的无上荣光。你看到有人在经历一场说走就走的旅行，山河秀丽，笑靥嫣然。然而，在你看不见的地方，他背负着房贷车贷，背负着工作带来的高压。但那又怎样呢？他依然可以通过努力打拼所带来的财富与阅历，去实现期望的诗和远方。

这可能是我们大多数平凡人的状态：压力，挫折，不快，如影随形。昨天还被上司骂得狗血淋头，今天早上依然看着初升的太阳，感叹真是个好天气。上帝从不会一次性把所有的门和窗都关闭，区别只在于，你能否在茫然无助的时候，找到太阳照进来的那一缕希望之光。

生活绝不可能像童话一般美好，但只要我们心怀美好和希望，不放弃追求，即使历经磨难，终会拥有翅膀，破茧成蝶。

2

朋友的老公出轨了。

她没有大吵大闹，而是和丈夫认真谈了话，也和孩子耐心沟通之后，做出了离婚的决定。孩子大了，愿意跟着她一起生活。

离婚之前，她是喜欢读书的姑娘，只是因为要花很多精力照顾孩子和打理家事，所以总是不能如愿。离婚之后，不知怎的，竟平白多出许多时间来，也许是因为没有那么多家务要做，也没有那么多人情世故要应对了吧。

她不是没有难受过，毕竟多年的感情不是那么容易就能放弃的，以往的恩爱还历历在目。但是想到孩子和父母，她就必须打起精神来好好生活。

她如往常一样把家里收拾得干干净净，甚至离婚之后，家里少了一个人，竟更加整洁。她买回不同颜色的桌布，轮换着用，让每天吃饭都变得有新鲜感。

她开始学化妆，每天化完妆照照镜子，竟意外发现自己从没有这么美过，精神焕发，心情明媚地去上班。

庆幸自己和父母家离得不远，孩子放学后都会先去姥姥家。为了让自己没有时间伤感，她办了平时舍不得办的卡，下班后去学跳舞。沉浸于舞蹈的世界，才发现自己原来错过了很多美好。

开始有别的单身男士找她约会，她没有想过再婚，但是也不排斥多个朋友，接触之后，才知道原来男人也有很多种。

慢慢地，她发觉自己在想起前夫时竟然不再伤感，同事们都说她更年轻了。

原来除了相夫教子，生活还有很多种可能。

离婚不是幸福的终结，只要你不放弃对美好生活的追求，你就不会被幸福所抛弃。

3

很多人谈癌色变，认为一旦得了癌症就只能等死。

蒋介石的妻子宋美龄在40岁时患了乳腺癌，做了切除手术。然而，这并没有影响她一贯良好的心态。

她非常注重饮食，尽量少食多餐。同时让自己保持良好的睡眠，作息规律。

她仍然常常画画、写字，泰然面对一切好的与不好的事情，自我开导，让心情舒畅。

由于肥胖也是患乳腺癌的一个诱因，她还严格控制自己的体重，坚持每天称重，如果发现体重明显增加，她就马上调整饮食结构，少荤多素。

她经过两次乳腺癌手术，没有再复发。在被诊断出乳腺癌后又活了66年，横跨三个世纪！

人生遭受挫折并不可怕，可怕的是一蹶不振，认为自己的人生没有希望了。从心理学上来说，心里想什么，就会看到什么。我们对美好越是渴望，就越是能看到更多正面的东西，从而更好地引导自己的行为和心态。

女孩早上起来发现停电了，就草草收拾了一下自己去上班，刚出门就被邻居的小狗扑了一下，漂亮的白裙子上留下了黑色的爪印。

开车出去才发现车子限号，罚款100块，只好又把车子开回家。好不容易赶到公司又迟到一分钟，罚款50块，一大早心情好糟糕。急匆匆冲进会议室，却被老板宣布自己负责的业务暂停，职位也被一个不如她的家伙取代了。

午餐的时候客户打来电话取消了一笔订单，她的年终奖金就这样泡汤了。妈妈又打来电话说，外婆的病加重了。放下电话接到短信：我要结婚了。是偷偷喜欢了10年的人发来的。

终于下班了，可她却一直打不到车，只好往家的方向走回去，脚磨出了血泡，眼泪一颗一颗掉下来。

走到一个十字路口，有一辆车停下来，司机的家和她是同一个小区，正好收工，说免费带她回家。她连声道谢上了车，电话又响了，是客户打来的，说虽然订单取消，但是非常欣赏她的敬业精神，问她是否对新职位感兴趣，如果愿意来，工资翻倍，职位也有晋升。

　　她顿时豁然开朗，顺手给喜欢的人回了条短信：祝你幸福。

　　回复却是：周末我陪你一起去看外婆吧。

　　她疑惑：为什么？

　　他说：如果不是想让外婆开心，我不会把求婚提前到今天的。我喜欢你。

　　……

　　上面的故事非常戏剧化，然而我们的人生却不会如此百转千回，如此好运！但是我们要相信，一切都是最好的安排。

　　因为，人生不可能处处晴天，但是，雨总有停的时候。

　　彩虹，终会出现。

这世界上，一定有人过着你想要的生活

1

小菲今年 30 岁了。

毕业之后的这些年，她干过医药销售，做过普通文员，如今在一家上市公司的分公司担任人事主管。

她没有男朋友，周末的时间都在加班，尽职尽责，雷厉风行，深受总公司的器重。她还在这个房价飙涨的年代，靠自己的力量在这个二线城市买了个一居室，自己还贷款。

有时间的时候，她去美容院保养，学习弹奏吉他，考专业资格证书，打理花草，生活过得充实又惬意。身边的同事们都很敬佩她，她一个女孩子，在竞争激烈的城市里，拥有了很多人都无法拥有的东西和生活，真是了不起！

她自己也这么认为。

只是，夜深人静的时候，节假日的时候，她常常觉得孤单，想找个人说说话，工作累了的时候，想有个肩膀可以依靠。

同事玲玲每天都带来营养又好看的早餐，她尝了尝，真是美味！那是玲玲的老公为妻子精心准备的；她还听到同事们聊孩子，虽然琐碎，但是她听着是满满的温暖，她也希望自己有那么个软软的小东西，嗲嗲地喊她妈妈……

劳动节、国庆节的时候，她的同事们都各有安排，回婆家的有，回娘家的有，全家外出旅行的也有，而她只有一个选择：回家。弟弟妹妹都结婚了，过节也各有安排，不一定回父母这里。她经常一觉睡到中午，起来和父母大眼瞪小眼。

每次离家，父亲都愁容满面地跟她说：你现在是家里最大的麻烦。她看到父亲的白发，心酸不已，发誓自己一定要尽快找到另一半，结婚生子。

她开始相亲，和朋友们介绍的各种各样的男生见面。其实她是排斥这种方法的。虽然她看上去外向奔放，但是一看到男生就脸红，也不知道该说什么。之前不是没有过喜欢的男生，可是都是因为不敢开口，眼睁睁看着别的女人和他成双成对。

看吧，想过别人一样的生活，绝不仅仅是想要就可以实现的。

她想起自己读书的时候，梦想成为独当一面的高级白领，现在不就是吗？

她从小喜欢音乐，希望能够在闲暇的时候，闭上眼弹奏美丽和灵动的音乐，不是已经实现了吗？

不同阶段的自己，梦想都是不同的。随着自己不断成熟和长大，想过的生活也在不断改变。

这个世界上，永远都有人在过着你想要的生活。

而你，也正过着别人想要的生活。

你不一定要走和别人一样的路，套用别人爱情或者婚姻的模式，抑或是接受所谓的大众价值观。你只需清楚自己想要的是什么，并为之努力。因为，除了懒和穷，任何一种想要的生活都是要奋斗并且坚持的。

对你如此，对他人亦然。

你终会发现，这个世界上，有人活成了你想要的模样。而你，也活成了别人想要的模样。

2

4月的时候，小A公司发起了一场身体唤醒计划，以"奔跑"的形式进行。按跑步天数及公里数进行排名，有相应礼品发放。

小A和几个同事都报名了，小A还立志在前三名中取得一个席位，同时给身体减重，身材向纤瘦的小B靠拢。刚开始的时候，她每天都要在跑步机上跑10公里，而且不吃晚饭。不到一周，小A生理期到了，跑步计划停止，后来生理期结束，但是雄心不再，健身计划就这样泡汤了。

每次看到小B的时候，她都感叹不已，只能用艳羡的目光追随。

怎么样？是不是看到了我们自己的影子呢？

想换一份更好的工作，所以制订了每天下班后学习英语2小时的计划，刚坚持了两天，就想今天太累了，给自己放个假，明天再学。明日复明日，还没半个月，就把自己的打算抛到九霄云外去了。下班之后，打游戏、看电影、刷抖音，结果你还是原来的你，毫无加薪升职和跳槽的资本。

参加同学会，发现读书的时候那个穷得叮当响的女同学竟然有一份很好的工作，穿着打扮也很得体。最气人的是，连气质都甩自己好几条街，还带着个同样得体的男朋友，你愤愤地想：凭什么？

你不知道，在你睡懒觉的时候，女同学已经早起在图书馆学习；你看电影逛街的时候，她在四处兼职减轻家庭的压力；你在迷茫毕业了干什么的时候，她已经过了英语六级，还准备好了考研教材……

父母给你介绍了一份工作，离报到时间还有 1 个月，你不是躺在家里睡大觉，就是出去找朋友聚会。而你瞧不起的那个女生，用自己节省下来的钱，去了最向往的城市旅行。你看到她发的照片，穿着朴素的衣裳，脸上却洋溢着幸福和满足的笑容，你突然觉得她脸上分明就写着大大的两个字：富有。

如今她过着你想要的生活，而这样的生活，是她的勤奋和汗水换来的，你呢？真的为自己想要的一切全力以赴了吗？

也许你永远不可能成为那个你想成为的人，但是在努力的大道上，你会不经意间发现许许多多的美景，和不期而遇的美好。

没有谁的人生是一帆风顺的，想过你想要的生活，必定要为之付出！

一分耕耘，一分收获。你没有辛勤地付出，怎么能收获美好的回报呢？没有辛勤地付出，怎会有丰收的喜悦，不强求第一、第二，只要尽力。要收获就要付出，付出艰辛，才会收获硕果，付出努力，才会收获成绩，只要你有坚定而执着的信念。没有付出，就没有收获，人只有上坡路才是最难走的，相信自己能成功，自己就一定能成功。努力吧，希望会属于你的。你想要的生活也在未来等着你。

第二章

以爱、以美，做有品格的自己

让时间更多地在自己身上停留

1

外婆今年 80 岁了，我也已是而立之年，可是，我从未见过外公。

母亲说她出嫁 12 天，外公便因病去世。那个年代物资匮乏，三个舅舅和小姨年纪尚小，年仅 40 岁的外婆没有再嫁，独自一个人承担起生活的重担，还让几个子女读书。听母亲说，外公是个文化人，性情温和，非常喜欢读书。也许这就是生活那样困难，外婆还坚持让子女读书的原因。

从小我便经常到外婆家里小住，记忆中她总是笑容温和，勤快又乐观，从前她吃过很多苦，可是并不见她提过一句，也从未提到外公这个人。

外婆家里的房子比较破旧，房间里的陈设也比较简陋，但是她总收拾得很清爽。包括厨房，虽然小，但是锅碗瓢盆各有归处，看上去非常有生活气息，让人平静又心安。院子很大，她将其用红砖分为三处，一处圈起来，养些鸡鸭，一处种些蔬菜，剩下的一大部分是平时活动的地方。每次到外婆家里去，就听到鸡鸭和鸣，蔬果益然，孙子孙女和重孙子重孙女追逐嬉闹，其乐融融，外婆坐在旁边，笑得非常幸福。

每次去她那里，都觉得时光仿佛停滞了，她的笑容、她的菜园子、小孩子的笑声，一如昨昔。她老人家的容貌，也没有多大变化，比同龄人要年轻许多。她总是拿出好吃的零食，再下厨做我最喜欢吃的红烧鱼，几十年来不曾改变。对于我来说，这成为到外婆家的固定仪式。吃零食、吃鱼、帮她采摘蔬菜、喂喂鸡鸭、说说笑笑。每一天都像是最早到外婆家的那一天。

去看外婆这平凡的日子具有了不平凡的意义，我仿佛觉得，如果我怀念童年，想要到过去看看曾经的自己，只要到外婆那里，就可以做到。时光是不可能为谁而停留的，但是我们可以通过做一件与众不同的事情、通过有特殊意义的某一天、通过和我们有特殊情分的某个人，让时间与我们共存，停留在那个瞬间。

2

小林的一生可谓是命途多舛。

年少时有个相爱的人，不知怎的就分开了，每每想起就会心伤。

后来爱上了一个很懂她的人，追求她的时候使出各种伎俩。女孩子喜欢浪漫，就这样被他打动了。小林家境优渥，却甘心和他在一起捡烂菜叶吃，可是这人到处搞暧昧，姐姐妹妹搞一堆。小林问起，他竟大打出手，折腾了五六年，终是心力交瘁，遍体鳞伤，还是分手了。分手后还被纠缠许久，小林身体和精神饱受折磨，不再相信爱情。

后来父母做主，将她嫁给了一个知根知底的男孩。男孩从小受父母百般宠爱，虽不能帮她处理家庭事务，但性情还算温和，不至于给她添麻烦。男孩还有一个弟弟，弟弟早年结婚生了个女儿，那时候还没放开二胎，所以婆婆特别希望小林能生个儿子。小林一怀孕，婆婆就拉她去验血，她一向乖巧孝顺，虽然无所谓生男生女，但是也顺从了婆婆。验血结果出来是个女儿，婆婆就不高兴了，不仅给她脸色瞧，而且女儿出生至今，也从未帮忙带过。

她倒是毫无怨言，非常理解婆婆的心情。所以从老家请了一位婶母来带孩子，而且二胎政策一放开，她就开始备孕了。许是年纪大了的缘故，孩子刚怀上，就因健康问题只得流掉。她还没来得及难过，就进入了下一轮的备孕，不仅是为了传宗接代，她是个很爱孩子的母亲，也希望女儿成长路上有个兄弟姐妹陪伴着。

小林原是个性格柔弱、多愁善感的人，经历生活的打击之后，她竟越发坚强。工作之余还有兼职，为家庭开销尽自己所能。她心地善良、宽宏大量，还常去做义工。

经历了太多苦难，小林还依然善良、和善待人，对婆婆也如常孝顺，不与老人家计较，这是大智慧。她的身上总是弥漫着一种吸引力，给人岁月静好的感觉。

生活就像玫瑰花，好看诱人但有刺。我们遇到挫折的时候，怨天尤人是一种活法，笑对人生也是一种活法。苦难能够打击我们，但是也能让我们在坎坷中不断进步，这条路走不通，我们就另辟蹊径。无论如何，都要活出精彩，不负时光。

如今大龄剩女成为社会热议的话题。我有几个朋友，也是大龄未婚，年龄在三十到三十五岁之间。她们在事业上都小有成就，在公司里都是部门的一把手。收入还算可观，好一点的在这个城市还贷款买了一套小房子。然而，许是恋爱不顺利，许是一直没有遇到对的人，她们一直没能步入婚姻。

家里肯定是希望她们找到自己的幸福，可是婚姻不像买菜，再急也不能拿一个就走。她们并不是不婚主义者，但也不急嫁，只是想做好自己，在对的时间等到那个命定的人，嫁给爱情。

可能很多人都觉得大龄单身是很悲催的，同龄的姐妹们下班后都回家享受天伦之乐，她们一定很孤独吧，其实错了。这几个朋友生活过得非常惬意，每天下班后有的去学乐器，有的去学语言，有的去练瑜伽，还有去健身房练马甲线的。节假日的时候，国内国外到处飞，还经常带父母出去，可以说是非常丰富多彩了！过年的时候，不仅带回各类特产，还包大红包给父母。我们都有孝心，不过要表达孝心也还是需要经济能力的。

许是经常学习和锻炼的原因，时光仿佛格外厚待她们，个个都美丽有气质，穿衣搭配也得体。有一个叫希希的朋友说："既然我的他还没有来，那我就在等待的日子里，让自己变得更好，终有那么一个懂得欣赏我的人，足以与我相配。"

确实，婚姻不是人生的全部。在没有邂逅那段美丽的姻缘之前，我们的人生也同样珍贵，在任何时候都不能将就。反倒是趁着一个人可以决定自己的时间，尽情地去做所有自己想做的，去看所有期待的，去走一直期望的路。

甚至那些离了婚的人，有人一蹶不振，有人却活出了自我，开启了另一段精彩的人生。

3

有段时间左肩疼痛，脖子都不能挺直。无奈去一个理疗馆推拿刮痧，等待的时候和店主聊天，他说他师傅今天过来了，可以让他师傅帮我把个脉。本想着所谓师傅，应该是那种老先生或者老婆婆，谁知她皮肤光滑，脸上竟然连个细纹都没有，因为刚从汗蒸馆出来，她皮肤微汗，面色红润，身材窈窕，丝毫不像已经 60 岁的女人！

问及原因，除了保养之外，她还经常运动，跑步、瑜伽、球类样样都玩。长期运动不仅身体轻松，连容颜都得到滋润。

有人说：我们不能避免变老，但是我们可以慢慢变老。

很多人不能理解现在的人为什么要花几千元甚至上万元去健身房办卡，运动不是在室外、在家里也可以进行吗？是没错，但是运动方式也很重要，我们经常发现有些人自己跑步致膝盖损伤，就是因为没有使用正确的运动方式。健身房里有很多专业教练，可以指导我们如何正确运动，并根据健身或者是减重的目标制订计划。

同事小煜下班后经常去音乐班学习乐器，久而久之，双手磨出了茧。可是她甘之如饴，她说，音乐响起的时候，整个人都沉浸在里面，仿佛成为一只鸟，在天空中自在飞翔，时间好像停留在这一刻了。

小苗是个单身姑娘，虽然只是住在出租屋里，但是厨房用具一应俱全。她说，一个人，也要用心做饭，好好吃饭。身体是革命的本钱，饮食是健康的根本，要好好爱自己。

我们不能阻止时光飞逝，可是，往前走的时候，我们可以撷一朵花、举一杯红酒、持一本爱书，让时光停留在那一刻。当有一天回顾过往，我们可以骄傲地对自己说：时光，等过我。

做一个能够安静独处的人

1

月华如水的晚上，想找个人聊聊天，可是你翻遍电话簿，却找不到想要拨通的那个号码。你突然觉得很孤独，看着外面小区里手拉手散步的一家三口、遛狗的漂亮小姐和边奔跑边欢笑的孩子们，你有点难过。

其实，我们每个人都会有感到孤独的时候，这是一种很正常的生存状态。

问题的关键是，我们能否学会一个人安静独处，享受一个人的时光。

一个人趋近成熟的标志，就是学会自己跟自己相处，变得温和而且安静。

小荷读大学的时候，是贫困生。她有点自卑而且敏感，当宿舍里其他女孩子逛街回来，花枝招展地试穿彼此的"战利品"时，她手足无措，笨拙地夸赞两句，就默默地去了图书馆。关门的时候，她听到女孩子们爽朗开心的笑声，有点失落。

周末了，校园里很多情侣手挽手，看到他们甜蜜的笑容，她也禁不住嘴角上扬，猜测着他们的故事。宿舍里也有女孩子交男朋友的，她们叽叽喳喳地说着自己男朋友的优点，她听着，也对爱情充满了憧憬。可是，现实不是童话，没有男孩子追求她，她也不知道自己喜欢什么样的男生。

闲暇的时候，她喜欢去操场走一走，坐在看台上看着那些充满活力的男生打篮球，她不懂篮球，但是看到场上的人很投入地抢球和进球的欢呼声，她觉得属于自己的这些私人时间很是美好。

她喜欢写文章，看到自己喜欢的书，或者遇到一些有趣的人和事，她就记录在日记本上。几年下来，不仅提高了文字能力，偶然翻阅，还惊诧自己经历了这么多有趣的事情，如果不是写下来，就会忘记了。

她在大三的时候择定了自己的就业方向，考了一些相关的证书，还及早参加了实习。这些证书和实习经历让她毕业后顺利地找到了不错的工作。

我们都需要学会独处，因为人类的世界太吵了。在满是人声和嘈杂的环境里，你是没有办法学习和思考的。或许你会觉得独处太孤单，但是，当你真正想要去做一件事情、想要去想明白一些困惑的时候，你就知道独处的好处了。因为绝对投入的时候，你的眼里和心里就会专注在一件事情上，让你受益良多。独处是一个人的狂欢派对，一个人的时候，把心沉下来，能够想明白很多事情，也能够有时间提升自己。

2

小美最近遇到问题了。

原本对她很黏的男朋友，最近好像在躲她。

她怒气冲冲，在他公司门口截住他，要和他谈。男朋友说最近公司在开发一个项目，他作为核心技术人员，时间紧急。但也会尽量抽出时间来陪她。

男朋友还说：他打算和她结婚，现在手头还差些钱，再加上行业转型迅速，希望她能多给他一点时间学习和提升，不要上班的时候总是电话轰炸，他无法专心工作。

小美迷惑了：之前不都是经常腻在一起的吗？

研究表明，爱情在度过了最初的甜蜜期和依赖期后，会有一段反依赖期。这个阶段，一方或者双方想要更多的时间处理自己的生活，比如朋友、学习和工作。因为生活不只是有谈恋爱这一件事情，当一方开始处理自己的事情时，另一方就会感到被冷落。并不是不爱了，而是在社会的生存压力下，想要更好地给予对方一份安全的、有保障的爱。

爱人没有时间陪伴的时候，要学会支持和理解，安排好自己的生活。当他伏案忙碌的时候，不要催促他，帮他倒一杯热牛奶，自己敷上一片补水面膜，美美地早睡吧。保养皮肤最重要的秘诀就是睡眠充足，你善待皮肤，岁月就会善待你。

想看电影？一个人也可以，任何人都不可能一直陪着你，父母也不能。

想和他携手看到山上的风景？那么在他砥砺前行的时候，你也不能放松，好好规划一下自己未来的方向吧！

3

老周又喝醉了。

虽然大家都叫她老周，但她一点儿也不老，也就三十岁出头。可能是内心太孤独了吧，她最近频频醉酒。

六年前不知道什么原因，父母分居，母亲搬到城市的另一端，母女再没有见过面。老周和六十多岁的父亲蜗居在不到五十平方米的小房子里，父亲睡在客厅。父亲积攒的几十万块钱交给老周去投资，结果赔得血本无归。她不敢告诉父亲，只能每个月拿出工资的一部分来填窟窿。

相恋三年的男朋友迟迟不肯结婚，分分合合好几次，就是走不进婚姻殿堂。下班之后，她不能像同龄的朋友们那样拥抱老公，亲亲孩子。吃完晚饭她就回到自己的小房间，一个人待着发愣。

为了改善自己的处境，她分期报名参加了一个知名英语培训机构的课程，想提高一下自己，于是每天的睡前时间被英语充满。虽然经济依旧困窘，但日子似乎没有那么难熬了。

人生的路途很长，总有一段特别难走的路，而且需要我们独自去面对。

走的时候，我们会感到迷茫、痛苦甚至想要放弃，但我们还是选择了继续前进，因为一个人的旅程，是生命的恩典。它让我们慢慢忘记脆弱，学着去打败沮丧和挫败，变得坚强，亦坦然面对旅伴的去留。

身体是你最熟悉的陌生人

1

不知道从什么时候开始，你胖了。你很困惑，明明就是正常饮食，从前还经常和朋友大吃大喝，体重也一直稳定，现在是怎么了？

也不知道从什么时候开始，你经常觉得劳累。之前不管熬夜多晚，早上起来洗个脸，就可以精神抖擞地出门。但是如今，稍微晚点睡，第二天就如霜打的茄子，熊猫眼非常明显。

其实，我们的身体在不同的年龄段是有相应的特点的。

25岁之前，身体体能好，精力充沛，新陈代谢旺盛，睡觉都能消耗热量。而25岁之后，体能下降，新陈代谢开始走下坡路，每天摄入和之前一样的热量，但是做同样一件事情的消耗却比平时少。那么就会有更多剩余的热量累积在身体里。再加上25岁之后的年轻人都已踏上工作岗位，除了销售、体力劳动者等一些特定的工作热量消耗比较大，大多数人的活动范围就是交通工具和电脑前，活动量和学生时代相去甚远。再加上工作劳累，又减少了进行各式各样运动的机会。

久而久之，这些消耗不掉的热量就积累在身体里，变成了你的体重，所以不经意间，你胖了。

然而，胖并不代表你就一定不健康。但是研究表明，肥胖确实增加了很多患某些病的概率，比如糖尿病、三高、乳腺疾病等，具体诱因比较复杂，不多做讨论。大部分人希望自己拥有体型优美、体重适中的好身材，除了要控制饮食，还要增加运动，坚持适度运动不仅可以塑身，还能提高身体素质，让人神彩奕奕。

还等什么，开始行动吧！用爱人的心情，和自己的身体来一场贴身热舞吧！把运动当成一种习惯，也当成走向健康的仪式。我们享受运动，同时也在带领身体享受生活。让你变得越来越健康的运动也让生活更有仪式感。

2

一向身体健壮的晴柔咳嗽快两个月了还未痊愈，打针、吃药、做化验，一样不落，可就是反反复复不能恢复。这可把她折磨坏了，总是咳个不停不说，还被医生限制不能吃辣椒和海鲜等有刺激性的食物，更不能抽烟喝酒，还要避免吸二手烟。这可要了她的命了，她一向特别喜欢吃辣，顿顿无辣不欢，还每天都要喝点酒，朋友们都叫她酒鬼呢！

不过她自己也清楚，冰冻三尺非一日之寒。之所以咳嗽那么久还没好，跟她的生活习惯大有关系。比如喜欢喝白酒，喜欢吃巨辣的食物，比如火鸡面、四川火锅。还贪凉，春天刚来就把裙子穿上了，秋天在别人都穿长袖的时候她还在穿裙子。虽说是年轻不错，但是天长日久，寒气难免入体。再加上她不爱运动，比从前胖了不说，抵抗力也下降不少，现在生了病绝不可能一下子就好起来。

其实像晴柔这样的年轻人不在少数，年轻的时候不知道珍惜自己的身体。抽烟喝酒熬夜，照样活蹦乱跳，那只是因为年轻造成的错觉，一旦过了30岁，之前的积弊就会日益凸显。

还有一些年轻人，生活观念开放，谈恋爱就像过家家，今天跟这个，明天跟那个，丝毫不在乎身体的承受能力。小可就是吃了这方面的亏，两年换了6个男朋友，还打过胎。有段时间觉得身体不大舒服，去医院检查发现感染了HPV病毒，还是中度的。她吓得要死，赶忙按照医生要求禁欲，吃药，按期化验。

身体是自己的，无论你之前多么强壮，无论你有多么年轻，身体都是有承受上限的。你精心照顾它，它就会回报给你健康；你肆无忌惮地消耗它，它就会一天天衰弱下去。没有健康的身体，名誉、家庭、爱情等一切都将毫无意义。

身体是你最熟悉的陌生人，你的灵魂和思想寄居在里面，它深深地爱着你，也陪伴着你。我们也应该深刻地去爱它，照顾它。爱它，就是爱我们自己。

3

海归女博士于娟是上海复旦大学优秀教师，也是一位母亲，她拥有着让人无法企及的成就和光环，然而，这一切，都在失去健康的时候，戛然而止。

读书的时候，为了考出好的成绩，她把自己当作牲口，日夜兼程，废寝忘食，终于取得了博士学位；

参加工作了，为了买房买车、赚更多的钱、获得更高的成就，她呕心沥血、经常加班，12点之前没有睡过觉，晚睡的习惯她持续了十多年，终于，她做到了，得到了自己想要的一切，却也失去了健康。

2009年她被确诊为乳腺癌，仅仅不到3年，就溘然长逝。她的去世，给亲人留下了永远的悲痛，也给我们敲响了人生的警钟。

人体是有自己的运行与休息规律的，《黄帝内经》上说：23点—次日凌晨1点子时，胆经当令；1点—3点丑时，肝经当令。也就是说，在这些时间，是这些器官的排毒期，应在熟睡中进行。如果得不到休息，会引起器官血流相对不足，已受损的细胞无法得到修复，长此以往，器官被过度消耗，难以恢复。

怪不得人常说：长期熬夜等于慢性自杀。

还有很多年轻人熬夜，并不是真的工作量很大，有一部分上班的时候散漫，下班了才开始突击今天的工作导致晚归；还有一部分人熬夜是在刷微博、追剧、K歌等，偏偏这些事情还非常吸引人，一开始就无法停下来。大脑处于兴奋状态，当然不思入睡。等到终于结束了，又过了瞌睡阶段，辗转反侧，导致晚睡。

这些无意义的熬夜不仅对于个人没有什么提升，还影响睡眠质量，危害身体健康。除了追剧，睡前其实有很多事情可以去做，比如看看书、听听轻音乐、和亲人聊聊家长里短，把这些作为睡前的仪式，这些仪式不仅容易让身体放松，还能平复心情，促进睡眠。

看完这些，你还打算继续熬夜吗？

保持健康有度的饮食习惯

1

"每逢佳节胖三斤"几乎成了放假期间吃货们的名句。平时工作和生活忙碌乏味，一到节假日，大家就身心放松，敞开味蕾了。

小萍是一名高级白领，由于工作的原因，对于饮食非常地节制。为了保持良好的身材和清醒的头脑，平时烟酒不沾，用餐也都只吃半饱。其实，她是个非常喜欢美食的姑娘，只是由于怕胖才不敢纵容自己。

好不容易等到春节，她一到家，父母就准备好了可口的饭菜，大鱼大肉应有尽有。小萍想反正上班之后会瘦下来，就敞开肚子吃了，和好友相聚的时候还喝了酒。每天都是吃喝玩睡。这样的日子没两天，小萍就感觉想吐，还拉肚子。医院的检查结果是急性肠胃炎。

原来，小萍平时饮食较节制，突然一下子每餐都吃得很饱，肠胃适应不过来，消化功能受损，再加上酒的刺激，所以导致急性肠胃炎。换言之，就是暴饮暴食造成的。

据网络公布的数据，最受消费者喜爱的菜品种类前十位分别是：小龙虾、牛排、烤鸭、寿司、酸菜鱼、潮汕牛肉火锅、米线、拉面、麻辣香锅和炸鸡。特别是小龙虾和火锅，非常受欢迎，竟占了朋友圈晒食品动态的90%版面。在餐饮消费的人群中，年青一代已成为新的主力，其中，90后和00后贡献了餐饮消费50%左右的订单，现在的很多年轻人仗着自己身体底子好，烟酒不忌，口味也比较重，而这些上榜食品以咸、辣为主打口味，虽然好吃，但是也给肠胃造成极大的负担和压力。有研究表明：重口味食品和烟酒不离身是造成胃肠道疾病的主要原因。

身体如果不适，其实非常影响我们的生活质量。人吃五谷杂粮，如果想有一副健康的身体，除了适度运动，要着重在食物上下功夫：

首先，常食粗粮，如玉米、红薯等食物，可以促进胃肠道蠕动，排除肠道中的垃圾；

其次，戒掉香烟，饮酒适度；

最后，凡事过犹不及，饮食不可过饱，七分饱为宜；另外辛辣食品偶尔吃点即可。

2

天气越来越热了，小丹开心地想：马上可以穿美美的裙子了。可是事与愿违，去年的衣服穿不下了。一上体重秤，发现自己一年时间竟然胖了6斤！虽然体型看上去变化不大，但是之前合体的衣服变得紧绷，尤其是腰部，赘肉明显，也可以说，基本上都胖在肚子上了！

那怎么行呢？小丹马上就制订了减肥计划，可她实在不喜欢运动，而且天气炎热，一动起来浑身汗津津的，十分难受，所以她打算在饮食上下功夫。肉类，那是万万不能吃的，因为绝大部分脂肪都来自肉食品。另外，为了减肥能够立竿见影，她完全不吃晚饭。果然，不到一周就减掉了三斤。

可是，晚上总是饿得头昏眼花，她就在中午饭上加量，结果，吃得太饱无法午休，下午上班昏沉沉的。这样轮番折腾，小丹并没有在短时间内达到自己的减肥目标，反而体力大不如前，时常觉得困乏，精神头儿也没那么好了。上司以为她工作积极性降低，对她很有意见。

其实，同样重量的脂肪和同样重量的肌肉大小对比起来，前者是后者的几倍。所以，我们想要穿衣有型，不一定要减重，而是要在健美的体型上下功夫。

饮食，是第一要注意的，晚餐绝对不能不吃。因为如果一时不吃晚餐，体重是会有所下降，但是消化系统是有生物钟的，到了时间就会开始工作，长此以往就会损伤胃黏膜。而且，一旦又恢复吃晚餐，体重将迅速反弹，前功尽弃。所以三餐都要按时吃，晚餐可少吃。餐前可喝点汤或吃点水果。同时辅以适量的运动，散步、快走为宜，既不会像跑步那样累，又能放松身心，促进消化，长期坚持下去，必能塑造良好的体型。

盲目饿肚子不仅不能塑形，还可能对身体造成严重的影响，比如厌食症等，到时候就要花费更多的精力来调理。

3

也许很多人都有过这样独居的经历，一个人经常懒得做饭。只有一个人而已，一旦开伙，锅碗瓢勺都要动用，实在是太麻烦了。撕开一袋泡面，开水一浇，3分钟就能享受到味道十足的美味，省时省力。在这样一个快节奏的时代里，是很多年轻人将就晚餐和周末餐的方式。

我原先也经常这样，泡面是家里常备食品。可是有一次，我在闲逛的时候遇到一个同事，据我所知，她是单身，所以看到她手里竟拎着一大袋菜品时，我还以为她要招待客人，谁知她说就是一个人吃饭，并且热情邀请我到她家里共同进餐。

刚打开门，我就被一股清新的气息所包围。不大的出租屋被她布置得新颖别致，完全不同于一般的出租屋状况。墙皮本不太好，可是她自己花钱贴了墙纸，风格素雅，而且很温馨。玄关处钉了一排挂钩，可以挂钥匙等小物品，还有一个1米左右的窄柜，上面放些随手经常使用的物品。瓷砖也整洁明亮，这还不算，她冰箱里还有各式各样的酸奶和水果。

这些都是她为自己准备的，她说经常喝酸奶，吃各种水果会让营养更全面，更加有利于身体健康。菜也是买给自己，无论什么时候，都要好好做饭，好好吃饭。

她还说，吃洋葱可以抗癌防衰老，保护肠胃；吃西蓝花能够增强肝脏的解毒能力，提高机体免疫力；吃牛羊肉可暖胃补血、健脾养胃。她认真地洗菜、切菜，脸上洋溢着幸福的满足感。我也托她的福，享用了一顿丰盛营养的大餐。

从她家出来，我先去书店买了一本食谱大全。然后去了菜市场，精心挑选了各类蔬菜和肉类。回到家，我将泡面和零食束之高阁，将各类菜品按储存要求放进了冰箱。

民以食为天，健康的身体离不开营养有度的饮食习惯。自古以来，中国人民都将饮食文化当成生命中一个最最重要的仪式，创造着，传承着，留下了许多宝贵的食谱，有的还进入非物质文化遗产名录。这些都充分体现了我们对于饮食和健康的看重。

　　看重饮食就是看重健康，从这一刻起，好好吃饭，好好生活，好好爱自己。

像村上大叔一样跑步与思考

1

据说，村上大叔一开始跑步是为了减肥。他之前靠抽烟来维持写作的精力，然而，每天大量的烟草也侵蚀着他的健康。后来，他决定戒烟，但是戒烟之后，身体开始发福，精力也大不如前。

于是，他开始跑步，因为他认为跑步是比较有效的减肥方式，而且能够让他的身体更健康。

这一跑就坚持了 32 年。

村上春树是一位知名作家，他每天的工作如我们上班族一样，伏案时间较长，腰腹部赘肉明显。我们很多的朋友跑步，也是为了减肥。经常看到朋友圈里有朋友发跑步里程，但遗憾的是，有的发了一周，有的发了不过一月，就销声匿迹了。据经验来看，多半是由于各种原因放弃了。

一个人想要拥有健美的体型和强壮的体魄，仅靠一时冲动的热情是不够的。尤其是对于易胖体质的人，就需要长期规律锻炼，科学、有自制的饮食，才能做到。当然也有这样一部分人，天生身材优美，无须锻炼，怎么吃都不胖，看起来真是幸福的一类，既无须劳其筋骨，又无须饿其体肤，实在是上天的幸运儿。所以他们中的一部分人不注重锻炼，饮食也是随心所欲，体质也随着年岁的增长渐弱，反而是容易发胖的孩子们，时刻监督自己，因为体重秤总是提醒他们红灯的位置。

跑步，确实是很辛苦又很难坚持的运动。

村上大叔最初跑步的时候也是从痛苦中走来的，同大多数初锻炼者一样，才一二十分钟就上气不接下气，心跳加快，但他并没有像我们大多数人一样减少运动量或者放弃，而是把它当成如创作一般的必经之路，一路跑下去，还参加了马拉松，就像成为知名作家一样，成为一个漂亮的跑步者。

试观周围或者我们自己，又有几人能够数十年如一日地坚持做同一件事?

凡事,贵在坚持。无论你想做什么,从现在开始,坚持去做吧,久而久之,你会发现自己能够收获意想不到的财富。

2

跑步的时候,你都在想什么?

是一门心思要把今天预定的里程数跑完,还是放松心态,只为享受这段里程呢?

有人说:跑步是一场身体与心灵的修行,去享受别人到不了的境界。

搭出租车的时候遇到一位司机师傅,交谈间发现他是一个跑步爱好者,无论春秋,还是寒冬,抑或是炎炎夏日,他都每周三次,雷打不动地按时奔跑,每次里程在10到15公里之间。尤其是炎夏,在室外什么都不做也要汗流不止,运动起来更是火烧一般。然而他一如既往,室外什么天气他都要去做,即便汗水把袜子都浸湿也从没想过放弃。他说:跑了多年,一次不跑就浑身难受,跑完通体舒畅。跑步这件事,如同家人一般陪伴了自己多年,已经习惯了。而且每次一个人奔跑在大路上,就有一种旅行的感觉,非常享受。

听起来竟觉得深有禅意,村上大叔的文学作品虽有口皆碑,但他从未获得诺贝尔文学奖。然而这貌似并未给他留下什么心理阴影,他仍然一如既往地写作和跑步。他说:跑步的时候什么都不想。他还说:文字活儿就像跑步,是一个人的事儿,谈不上团队,更没有竞争对手。因为真正要超越的是自己。

我们总是把输赢和头衔看得很重要,我们无法忍受失败,只允许自己成功,甚至用这种心态来教育我们的下一代,从而忽略了过程,也被输赢心态所累,忘记了自己真正的优势和去开发自己隐藏的更大的潜力。

如果你正在苦恼,不知道下一步该怎么走,那就像村上大叔一样放空大脑,以空杯心态去奔跑吧,也许在这个过程中,你会凝视自己,清醒前行!

3

一次偶然出差，我巧遇了东莞的马拉松年度比赛。许是平生第一次亲眼看到马拉松比赛，我被这样浩浩荡荡的赛事给震惊了！

好几条主干道被封闭，只为了支持这场赛事。要去目的地的车子开不过去，只能下来步行。我去的方向与选手们奔跑的方向相反，一路走过去，看到数不清的或年老或年轻的脸庞，精神抖擞地往前冲。每隔一段距离，就有专业摄影设备，还有选手加油站，备着饮用水和药物。做服务的志愿者笑容和善，尽职尽责，还帮忙维护秩序，以防路人过于靠近而出意外。

路边还有亲人助力团，时不时听到加油声。这让不再年轻的我也热血沸腾，激动不已，不仅大量拍照，还跟着别人一起喊加油，差点忘了自己要去干什么。

大多数城市每年都会举办马拉松比赛，参与度和追捧度都很高，可以说是全民同欢的一项体育运动。我想，这是它之所以具有如此魅力的原因之一，还有一点是因为它所体现的拼搏精神。马拉松起源于希波战争，一个叫菲迪皮茨的士兵为了让故乡人民尽快知道胜利的喜讯，他马不停蹄地奔跑到雅典，说完"我们胜利了"，就倒地而亡。为了纪念这一事件，在1896年举行的现代第一届奥林匹克运动会上，设立了马拉松赛跑这个项目，把当年菲迪皮茨送信跑的里程——42.193公里作为赛跑的距离。

它彰显的是挑战自我、超越极限、坚韧不拔、永不放弃的精神，这种精神不仅体现在体育赛事里，也让人在生活中遇到坎坷和挑战时，能够勇往直前，不轻言放弃。

人生不就是如此吗？

第三章

生活不在别处，就在
我们的内心

内心的丰盈都得益于生活的洗礼

1

小珊是做业务的，不到 30 岁就买了房和车。她永远都是斗志昂扬，能量满满，看上去活得充实又快乐。可是有一天她和同事小馨聊天，竟说很羡慕小馨。小馨是做文职工作的，每个月固定工资，和老公两个人都是内地贫困区域出来的，背着助学贷款出来打拼，虽然现在有车有房，但是也负债累累。

小馨对小珊印象很好，非常喜欢这个拼搏有干劲儿的姑娘，觉得她年纪轻轻，能够凭借自己的努力拥有目前的生活，在同龄人中是佼佼者。所以小珊羡慕自己，她很好奇。

小珊说：小馨姐，我觉得你活得特别满足，你的经济状况我知道，可是你总是淡然、幸福的样子，你有爱你的老公，可爱的孩子，还有满腹的诗书，每当你开口说话，我都觉得是一种享受。我虽然经济状况不错，看上去没有烦恼，可是我经常觉得很空虚。做业务那么多年，我已经养成了强势的性格，跟男生处不来。之前也有过男朋友，可总是吵架，到现在还单身。我也不爱看书，有空的时候就翻翻手机，无聊透顶。而且我无法去克服自己，想要找个自己喜欢的人吧，又总是忍不住去挑剔人家的经济条件，太功利了！生活真乏味。

原来，这个世界上，只是有钱是无法满足人的灵魂的。人的欲望是无止境的，钱也永远挣不完，挣钱不止，就折腾不止。而且人一旦走到某个位置，就会被一股神秘的力量往前推，无法放弃眼前的生活。就像一个生意人，已经拥有了公司和员工，他就无法停歇，想要把公司越办越好，想员工跟着自己有饭吃，想一直住别墅。若要放弃公司和别墅，做回普通人，恐怕没几个人能够做得到。

而想要放下，就要能看开，可惜芸芸众生，跌跌撞撞往前冲，是没有时间和心思来倾听内心的真实的。而想要内心的丰盈，就要放下，找回心底那份原始的怡然和快乐。

山珍海味也好，粗茶淡饭也罢，想要获得人生的踏实和满足，就要灵魂有归属地，精神有安放处。

2

大苗最近真是心力交瘁。

先是孩子突然感染了一个名字好复杂的病毒住院10天，老公工作在外地，只好请假贴身照顾，夫妻两个来回折腾，风里来雨里去。孩子喉咙长泡反复高烧，夜里啼哭不止无法入睡，大苗心疼不已，彻夜把孩子抱在怀里安抚，恨不得亲身替之。

小孩子好动，虽说用了留置针，但还是两天就要重新扎一次，看着孩子小小的手上那肿起来的针眼儿，大苗心痛难当。好不容易孩子痊愈出院了，老公准备启程回公司，孩子又得了手足口病，可是之前耽误了太多工作，大苗老公不得不回了公司。大苗夜不能寐，反复给孩子量体温，孩子烧到40度浑身发抖，退烧药也效果甚微，只好送进医院挂水。

不巧的是，大苗公司业务停滞，裁员势在必行。大苗作为裁员的负责人，只好每天上午送孩子去挂水，下午带孩子去公司处理工作。裁员难度非常大，员工不满意公司提供的赔偿条件，闹事者时而有之。

每当抱着烧得浑身发抖的孩子，想到工作上难以克服的障碍，大苗就眼泪止不住地往下掉，可是，孩子必须照顾好，工作也要出色完成，大苗没有退路，也没有做不好的理由。她想到自己的父母带着五个孩子，也在贫穷和苦难中未言放弃，终于几个孩子都长大成人，有了自己的生活；她想起自己的老公在异乡拼搏，每天加班到深夜，周末还驱车夜行500公里赶回来陪伴妻儿，为妻儿洗手做羹汤；她还想起读书的时候，同学们闲暇时间都出去玩，去参加各种各样有趣的社团，而她只能不断地兼职赚钱养活自己以减轻父母的经济负担……

而如今生活条件比之前好了许多，大苗在这个一线城市有了自己的小窝，还买了车。眼前是有着许多的困难，可是比起从前吃不饱穿不暖的生活，如今已然是天堂了。大苗想到这些不觉间有些释然，问题是不断出现的，但所有的问题终归都会有解决办法。只要怀着希望努力往前走，种子迟早会开花结果。大苗一边带着孩子积极配合医院治疗，一边和领导一起商议、与员工反复沟通来解决大家的疑惑。慢慢地，孩子的病好了，大多数员工也拿到了协商的赔偿条件离开公司。

生活从来不容易，它充满着欢乐和希望，也承载着痛苦和坎坷。而这痛苦和坎坷，磨炼了人的意志，也丰富了人生阅历，为一生写下或浓重或华丽的故事。让你在一帆风顺时，不会得意忘形，也让你在遭遇挫折时，不至于被困难所击倒，而是看到积极的一面，去接受它，从而找到走出困境的办法。

3

冲着喜剧的噱头去看了电影《一出好戏》，可是观看时却觉得心灵在接受拷问，看完之后久久难忘，陷入深深的思考。

马进是一个小职员，他一直暗恋公司的女同事姗姗。那天本是一个好日子，一年一度的团建活动让大家都非常开心，领导张总还在旅游大巴上宣布所有员工加薪10%。同时，马进发现自己托同事小兴买的一张彩票中了6000万，他欣喜若狂，觉得自己的未来充满了光明和希望。可是，就在他无限畅想的时候，一颗陨石坠落海洋，惊涛骇浪瞬间吞没了旅游大巴。

也不知过了多久，众人在一个风景秀丽却荒无人烟的荒岛上醒来，手机没有信号，与外界失去联络。大家都相信外面的世界已经毁灭，他们是地球的仅存者。为了活下去，他们开始是团结的，跟随司机小王，通过摘果子、抓鱼等方式获取食物，可是小王毫无领导才能，经常打骂其他人，只会通过暴力来解决问题，他们内部渐渐分化了。

领导张总无意间发现了一艘搁浅的大船，上面物资丰裕，应有尽有。所以他通过一个小计谋从司机小王手下带走了一批人，其中包括马进。最重要的是，他承诺马进，有办法带他离开。马进心里想着还没有兑付的彩票，凡事以张总马首是瞻。可是慢慢地他发现张总根本没有任何想要带大家离开的打算：每天的生活一成不变，大家也是通过劳动获取食物，而且张总用扑克牌作为大家交换东西的媒介，暴露出他资产家的本性，很显然他想在这个岛上建立一个王国，而他自己，将成为这个国度的"王"。

马进愤怒了，他和好兄弟小兴离开了张总。离彩票规定的90天兑付期限越来越近，对于如何回去，马进束手无策。望着茫茫无际的大海，破衣烂衫、胡子拉碴的马进绝望了，他几乎饿死。就在他和张总一伙发生冲突被打后，他和小兴绝望了。可不知是不是天无绝人之路，天上突然掉下大量的鱼。他和小兴也让别人来这里交换，同时在小王和张总两伙人为了争抢资源大打出手，大家都鼻青脸肿毫无头绪的时候，马进出现了，他分析了现在大家面临的主要矛盾，还给了大家希望。所有人再次团结在一起，一起劳动，一起分享，甚至开始规划如何繁衍。在这个过程中，马进和姗姗的感情日益深厚，他和小兴也成为大家心目中无可替代的领导者。

可是有一天，马进、小兴和小王突然发现在山后面每隔12天都会来一艘大船，放着鞭炮和礼花，外面的世界还在，人类文明还在。小王兴奋了，可是马进和小兴沉默了，如果离开这里回到现实世界，他们还能拥有现在的位置吗？姗姗会和马进继续吗？一切都是未知。所以他们伪造小王疯了的假象，继续带着大家日出而作，日落而息。

直到有一天，小兴利用手机威逼张总将其名下的资产转让给小兴，马进愤怒了，不应该是这样，这是乘人之危，人性开始被拷问。小兴说几日后会带着马进离开这里，而其他的人，他会把大船上的设施毁掉，让他们最好死在这里。马进动摇了，一边是离开后翻身的生活，一边是爱情、友情、人性和正义，他不知道该怎么办。同时姗姗给马进设置了非常让人心动的表白，马进不敢接受，他觉得自己不配。他欺骗了大家，欺骗了姗姗，他告诉大家外面的世界还在，还有可以带他们回家的船，可是没有人相信，姗姗也认为他是个骗子，不但欺骗了她的感情，还忽悠大家。

虽然没有任何人相信，马进仍然不放弃，他联合小王一起在外面的船来的晚上，烧掉大家住宿的大船，用火来吸引营救者的注意。同时因为烧掉住宿的地方，引起大家的愤怒，大家狂追马进，一起来到可以看到大船的地方。奔跑中，马进跌下海里，但他的内心非常平静、满足。

终归，他能够面对得失，没有利欲熏心，坚守了人性和正义。

他被海水冲到岸边，醒来的时候，发现大家都走了，只有一个叫姗姗的漂亮姑娘说：船等不及，先走了，我会陪着你。

整个进程中，友情、爱情、人性一再被考验，而现实版的一出好戏，也许在地球末日的一天，会真正地上演。有人的地方，就有功利、有诱惑、有争斗、有抉择，只有内心丰盈的人，才能在物质和诱惑面前，坚守人性中最美好纯真的本心，并把它发扬出来，影响他人。相信善待人性的人，上天也必善待他。

在字里行间，寻找生活的比喻

1

你写过信吗？你有多久没有写过信了？

周日的午后，整理摆放家中重要物品的抽屉时，无意间发现一封信，和房产证放在一起。那是和老公初相识时，他在来见我的火车上写的。彩色的信纸，有一种厚重的质感，充满探索和渴望的语言，温暖亲切，细细读来，怦然心动，仿佛回到了9年前初相识的美好时光。

高考之后，好友们散布祖国各地。而我们维持友情的方式，就是写信给对方。我们选那种充满梦幻感的信纸，认真而小心地写下青春期最蠢蠢欲动的心事。我们倾诉彼此对于新环境的感受，畅谈新学校的图书馆和阶梯教室，还含蓄地写下那个阳光满满总是帮助自己的师兄。这些信，被我藏在一个隐秘的地方，每次搬家，必定小心带着。

那种手写的字，可能不是太好看，可是字里行间，总是有一种浓浓的情意在。每次读来，发现自己的少年时光竟然经历了那么多有趣的事情，那么多起伏不定的情绪和盼望。

如今而立之年，在几个陌生的城市打拼数载，最终安家苏城。见过许多人，也遇见许多事，却没有一个让我印象深刻，我也再没有交到如同读书时那样感情深厚的朋友了。不知道是人情变得冷漠或无足轻重，还是现在越来越多、越来越便利的通信方式拉开了彼此的距离。

甚至夫妻间，回到家也是每人一部手机，各怀心思。明明微信那头就是你，可我却觉得那么遥远；明明电话里就可以听到你的声音，可我却感受不到一点亲切，怎么会这样呢？

还会出现这样的一个人吗？我们写信，互诉衷肠，就像年少的时候。

相信现在还是有人在写信的，只是比较少了，我们太浮躁，手写信需要很多时间，如同现在的爱情，逐渐地倾向于快餐式。而写信，可以让节奏慢下来，保持感情那种原始的纯真和丰富的情愫，也许我们现在看不到这种纯真和情愫，但是随着时间的推移，它们会以我们意想不到的方式拥抱我们，回馈我们。

而写日记，相信对很多的80后来说，并不陌生。上学的时候，为了提高我们的作文水平，语文老师要求大家每天都写日记，第二天带到学校给老师检查。

再大一点，我们有了一本上锁的日记，不给任何人看，偷偷记录我们成长时期的小秘密。而时间久了，写日记成了我们的习惯，它教会我们发现生活中的闪光点，珍藏我们的回忆，也能感悟生活。

2

每个热爱文学的孩子都有一个文艺梦，高中的时候大爱唐诗宋词，每天晨读都必抽出一部分时间背诵这些。时间久了，遇到触动人心的情景，就会有感而发，写上两笔。现在看来，虽说是无病呻吟，但在繁重课业的压力下，却给了青春懵懂的心一个宣泄的出口，陪我平稳度过了那容易胡思乱想的一段日子。

参加工作以后，生活更是枯燥乏味。结婚、买房、生子，经济压力倍增，几乎没有什么业余爱好，确切地讲，是没有钱去满足自己的爱好。重压之下，总有所取舍。读书和写东西就成了最实惠也最好安放孤独灵魂之处。

无意间发现雪小禅的书，繁华不惊，一秒沦陷。她的小说和散文，越看越喜欢，我与文字的缠绵，再也逃不脱。心也随着故事的走向，或欣喜，或悲伤，或纠结，或疼痛，或柔软。

看《刺青》，男女主角兜兜转转，不断错过，如同两条平行线，永不相交，真让人愁肠百结，急不可耐。终于，女主没有嫁给那个年少时的春闺梦里人，而是嫁给了一个温暖的人。读罢觉得颇有现实意义，我们又何尝不是如此呢？年少时，有一个人如同我们心里的刺青，挥之不去，但终归，人的本能是害怕疼痛，我们终于选择了那个一直守在我们身边，给我们温暖的人。

看《无爱不欢》，林小白和最爱的顾卫北终于走到一起。当男主事业有起色一切都朝着最好方向发展的时候，顾卫北出轨了。是不是很熟悉的桥段？现实中的例子太多了，年少时两人倾心相伴，即便穷困潦倒也一往无前，可一旦生活改观，物质丰富了，情感却发霉了。而当自己终于失去了那个人，才猛然惊醒。小说写得很现实，两个人在一起时间久了，爱情会趋于平淡，热恋时的惊涛骇浪也终被毫无涟漪的柴米油盐所取代，如果这个时候出现诱惑就会偏离原来的轨道。然而，婚姻除了爱情，还有责任和忠诚。不是什么事情都可以回头，珍惜当下，珍惜身边的人。

如雪小禅所说，喜欢文字的人，大抵是命数吧。字里行间，萦绕着真实的自我和情感，可以欢喜到疯癫，亦能伤心到绝望。而生活，从来如此。有喜有悲，有幸运，有挫折，如小说一般跌宕起伏，荡气回肠。而我们要做的就是去面对，去接受，去解决，去学习。

3

对于喜欢读书的人，生在这个时代是非常非常幸运的。纸质书、电子书，看书、听书，纸上的斑斓、书里的梦与故事，读书人的生活从来没有像如今一样多样有趣、触手可及。

如果你是一个不懂也不太会制造仪式感的人，那么，保持读书的习惯会让每天的生活有所不同，也会给你原本平淡的生活套上充满精神力量的仪式感。你会在接下来的光景里，在每年的年终总结里，都能够看到成长中的不同的自己。

可能多年前的你还是一个面临着"一毕业就失业"的大学生，字里行间流露出来的都是对未来的焦虑和对生命意义的惶惑，颇有一番"少年维特之烦恼"的韵味。而读了多年书的今天，你却可以自信地为每一个进步喝彩、对下一个进步满怀期望。

又或是在一个百无聊赖的周末的午后，懒坐在阳台上的你不知道该做什么，茫然而空乏。可打开书本后，却沉浸在了知识的海洋里。当你合上书本，你的内心满足而充实，庆幸自己用书本让这个周末有所不同、有所收获。

经历过岁月的你会越来越了解，这世上最具有魔力的东西便是读书。它陪伴你度过你无法挽留的青春岁月，却也毫不吝啬地回馈给你对于生活和生命的本真理解。十年也好，三年也罢，当时间悄悄地流走之后，你会发现那些当时被认为无论如何也过不去的坎儿，都在知识的沙滩上被冲刷得几乎没了印痕。腹有诗书，字里行间给予你精神的财富，也让你更加懂得生活，体会人生。

电影，过一百种人生的有效方式

1

爱了 6 年的人，终于散了。

小西刚入大学就喜欢上了一个人，那个人其实也没什么特别，瘦瘦的，个子也不高。他的家在一个遥远的省份。他是家里的独子，毕业后是注定要回去的。而小西的父母，希望她不要嫁太远。

可是没办法啊，他一笑，就定了小西的魂。那柔柔的、暖暖的笑，从嘴角展开。有的人注定是你的劫数，不知道怎么回事，小西喜欢他喜欢得要了命。不顾父母的反对，没毕业就去了他的城市。而他，应该也是爱她的吧。他送她戒指，戒指不就是想要娶她的意思吗？

语言和风俗都不同，每次小西听到他们谈话的时候，就很失落。可是好难学呢，小西花了 2 年的时间，还是学不会，也听不懂。直到有一次家中有事，小西回去处理。他打来电话：分手吧，我们不合适，我已经有新的女朋友了。

世界瞬间坍塌了，小西不知道为什么，可他决绝地不再接电话，也不回短信，就这样散了。6 年，难道是一个人的独角戏吗？之后很长的一段时间里，小西都恍恍惚惚，梦里见到他，他说：傻姑娘，放手吧，我们终归不是一个世界里的人。醒来已是泪流满面。

心很痛的时候，小西去看电影。她看《不能说的秘密》，看《匆匆那年》。她想：人之所以痛苦，是因为追求错误的东西吧。茫茫人海中的遇见，不一定意味着长相厮守，可能只是陪你走一段。这些人注定是用来怀念的，他们教会我们成长，教会我们面对苦楚，也教会我们去爱，更让我们明白谁是最适合自己的。

2

为什么很多人爱看电影？

我想，可能是因为大多普通人的生活都如白开水一般单调，而不如电影那般意外频发、荡气回肠吧。

也有人认为，其实我们的人生路线早已确定，如电影剧本一样，什么时候读书，什么时候结婚，什么时候生病，什么时候死亡，都已经是个定数。而我们，就沿着这样一条铺就的路线，跌跌撞撞地前行。只不过，电影可以删减，倒带，而人生不能。

电影《楚门的世界》讲述了主人公楚门的生活，他有一份不错的工作，有一个温柔贤惠的妻子，还有一个和谐的交际圈，看上去美好安稳，无懈可击。可是有一天，他突然发现他生活了几十年的地方，竟然是一个巨型摄影棚，他就是电影里的主角，他的生活事无巨细被24小时转播。他的父母、朋友竟然都是演员，他无法接受，想要逃离这个被安排的人生。

从表面来看，影片讲述的根本就是一个想象中的故事，可是，深入探究，我们会想，我们生活的世界是不是被安排好的？我们是不是也是被别人写好了剧本？

一部电影，代表一种人生。每一次观影，不仅是观摩别人的人生，也会引发对自我的思考。有的电影结局很明确，有的电影是开放式的结局，让观众去感悟、去思考。想必不同的人，对电影有不同的理解，也会在心里有不同的结局吧。如同人生，同样一条路，不同的人走下来，有的人觉得只留下痛苦，而有的人却能从同一件事情中得到启发，得到教训，感激生活给予的苦难和挫折。不过，无论如何，我们的人生经历本身就是一部电影，爱别离，求不得，总是在上演。

3

我们总是很匆忙，匆忙读书，匆忙结婚，匆忙买房子，匆忙生孩子，甚至上医院都会跟医生说：我很忙的，我还有很多事情要做，能不能快一点。

但同时，每个人都希望有一处现实之外的空间，盛放自己疲惫的心灵，减缓自己喘不过气的压力。而电影，让我们抛却凡俗，在别人的故事里沉醉，为他人的欢乐而开心，也为他人的悲伤而流泪，甚至在某个特别的瞬间，寻找自己的影子。

韩国电影《姐姐走了》，讲述了女主人公静洙生活颠沛流离，由于年轻时错爱一个人以致如今孑然一身，错过了那个想要守护自己的男生泰勋。一次偶然的机会，30 岁的她以 18 岁的自己表姐的身份穿越回去，想要改变自己的一生。她住在自己家里，和 18 岁的自己朝夕相处，她想阻止妈妈再生二胎，因为妈妈就是在生弟弟的时候难产而亡。她还阻止 18 岁的自己去和心仪的男生约会，因为就是这个男生始乱终弃，粉碎了她所有关于爱情的梦想。

然而，事情并非如她所想，18 岁的自己不听劝告，终是被负心男人所伤。自己的母亲也依然决定生下弟弟。影片的最后，她的母亲跟她说：有些事情是无论如何都不会改变的，是到了该离开的时候了。

人生如戏，电影里的悲欢离合，都是源于对生命和生活的沉思与感悟。遇到任何事情都不应该急着做出决定或者改变，然而事实是每个人都在付出了代价之后才搞清楚自己要什么，自己应该走什么样的路。有时候一切都还来得及，而大多数时间，青春已逝，斯人也不在了，徒留遗憾与伤悲。

不管经历了多少失去与挣扎，才让我们收获到什么。但是人生苦短，我们不妨大胆一些，多尝试一个梦想，多往前一步去追求那个所爱的人。很多事情我们也不必搞得那么明白，只要坚信一点：既然生命给我机会来到这世上，总是要给我时间做点儿什么。

闲暇的时候，看看电影吧，终有那么一部，让你有所感、有所得。

身体和灵魂，总有一个在路上

1

兰兰工作的公司要倒闭了。

业务员们的主要收入来源于提成，如今突生变故，所有计划都被打乱了。有人准备买房子，只好搁浅；有人刚交了车子的首付款，只好又急急忙忙解约。不只是这个公司，整个行业都是风雨飘摇，人人自危。不到一个星期，行业内的小公司相继关闭，失业人数与日俱增。

兰兰所在的公司也不例外，很快人事部就开始找大家单独谈话，根据总公司的规划，希望与员工协商解除劳动关系。一时间，赔偿、提成等条件成为大家争相讨论的话题，也有员工陆续离开。只是，每个人的情况不同，还没有发放的提成，数额也有大小，一旦公司倒闭，这些提成都无法兑现。所以，赔偿这块成了员工们的争端点。

兰兰也一样，她买的房子刚提交银行贷款申请。她在公司里的职位是业务经理，本来按照每个月的收入情况，她规划房子定下来就结婚生子，现在一切都乱了。幸运的是：由于是管理人员，公司对于赔偿这块稍稍优待了一点。也有别的业务经理不接受，打算和公司死磕到底。但兰兰是公司老员工，一直以来也比较认可公司，如果不是这样的事情，她本打算在公司长期干下去的。她热爱公司，如同热爱生活，所以在大家都还群情激奋的时候，她接受了公司的条件，签了离职单。

离职的第二天，她就背起行囊和朋友们自驾往西去旅行了。她先去了洛阳，唯有牡丹真国色，花开时节动京城，正值牡丹花季，置身在芳香醉人的花丛，她笑靥娇艳，心旷神怡。她在其中自在徜徉，拍下了许多美丽的照片。

接着她又去看了黄河，登了华山，还去西安参观了兵马俑。吃着正宗的肉夹馍和凉皮，她觉得人生有吃有喝，真是幸福极了！漫步在壮观雄伟的明城墙下，她仿佛感受到了滚滚红尘中的帝王气度，悠悠岁月里的百姓心声。

第一次来到青海，海拔2000多米的地方，不知道是不是因为兴奋，她竟不觉得缺氧。塔尔寺的母子情、青海湖的大片即视感、神秘的沙漠、可爱的骆驼、动人的月牙泉……古人云：读万卷书，行万里路。兰兰出来之后，才发现在大自然的映衬下，人类是多么渺小，自己的视野是多么狭窄。

不是每个人都能来一场说走就走的旅行，很多时候，我们要考虑的太多。工作太忙、经济能力有限或者有家人需要照顾。即便有钱有时间，还要看身体条件是否允许。人活一世，需要牵挂的东西太多太多了。甚至，你可能不放心家里的猫；甚至，你会担心万一你请假了，会不会错过一个大客户？

当然，每个人都会需要金钱、需要获取利益甚至是名誉，所以总是放不下。可是你千万不能忘了，这些并不是人生的全部，它们只是为我们能够好好生活而服务的工具，拥有独立灵魂的你，绝不能被它捆住手脚。

如果可以，还是要让身体挣脱现实和利益的束缚，和你的灵魂，一起去远方。

2

珠穆朗玛峰是世界海拔最高的山峰，深受很多登山爱好者的喜爱。

而挑战珠穆朗玛，绝不仅仅是简单的旅游。因为珠穆朗玛的路标，绝对让你触目惊心：那是一具具登山者的尸体。他们，很多是知名的登山勇士。

他们的身体和灵魂，永远留在了路上。

我这样说并不是鼓励大家去拿命相搏，只是说有些你想要做的事情，如果没有及时去实践，可能有一天你会后悔，当然，前提是量力而行。

西藏是个美丽而神圣的地方，每年数以万计的旅行者奔赴藏区，去感受那一片人间圣地。天空纯净，山峦雄伟，能够给人力量，让人忘掉忧愁和自我。而同时，高原反应也是旅行者不得不面临的考验，大部分旅行者只是身体有些不适，但也有极少的一部分因此而丧命。

有人说那里太美了，只要去了，每分每秒都想待在那里。而普通如我们，不是谁都可以放弃一切，一辈子待在那里。而偶然去之，我们可以在那里看到不一样的生活，让时间慢下来。而这里的信仰，无关国家和种族，最虔诚、最执着的朝圣者，会深深地让你震撼，让你听得到生命深处最原始的回响。甚至有人说：不到西藏，你不懂信仰的力量。

西藏的人们纯真而朴实，那里物资匮乏，但他们会倾尽自己的善心帮助你，你也不需要给他们钱，送点这里没有的小礼物倒还比较受欢迎。我想，在喧嚣而急速的大都市里，这种淳朴已经销声匿迹了吧。还有多少陌生人可以不谈金钱地帮助你呢？每走一步都在防，防着被人算计，防着被人占便宜。

如果有机会，暂别大都市，去空旷的地方让灵魂自在飞翔吧。一辈子有一次，足矣。

3

读书，也是一种旅行的方式。中华上下五千年，留下了太多的财富和精神养分。

四大名著是中国文学史上的经典作品，在世界上也是宝贵的文化遗产。不仅纸质书籍畅销，据此拍摄的电视剧和电影也备受追捧，而且不断翻拍，经典至极。我们能够明白《西游记》里所展现的正义与无惧，也感慨贾府由盛而衰的悲怆与宝黛爱情的悲剧，叹服于《水浒传》里坚贞又矛盾的兄弟情和未能实现兼济天下的不甘心，更为三国时期近百年历史风云的演变而震撼。

文海浩瀚，读书能了解历史，也能修身养性。我们是不是时常不能控制自己的坏脾气？冲动是魔鬼，我们都有因为冲动做出后悔事情的经历，伤害了真正关心我们的人，还有的失去了自己最真挚的朋友。而读书可以降低血压，让你平静下来。时间长了，就能陶冶性情，让你变得温文尔雅，不易动怒。

不是每个人都有钱去世界各地旅行，而阅读旅游书籍可以让我们足不出户就了解到各地的风土人情。维多利亚的罕见瀑布，普罗旺斯的醉人薰衣草，香格里拉的纯净圣域，都美得让人无法用言语来形容。还有巴厘岛、马尔代夫，我们这一生太短暂了，不可能一一去过。而读书，虽然身体没有出发，但灵魂可以跨越万水千山，飨旅行盛宴。

观一场话剧，致我们内心的冲突

1

小离最近心情糟糕透了。

已经三十出头了，谈了四年的男朋友迟迟不提结婚。说到买房就说自己在努力。男友强子比自己小两岁，父亲已经去世，只有母亲及拆迁留下的三套房子。今年母亲心脏不适住院，卖掉了一套房子以支付昂贵的医药费。表弟做生意被骗，欠下几十万的债务，强子母亲不忍表弟家整日被逼债，又将自己的积蓄拿出来帮表弟还债。

强子一直在小离所在的城市发展，想在小离的家乡买房结婚，可是强子的母亲一直期待独子能够回来承欢膝下，虽说两个城市并不远，可是小离也是独生女，父母不希望她外嫁。强子虽说对小离心意坚决，可是手中并无多少积蓄，纵然工作不错，但要想在这个城市买房子，不跟母亲开口求助的话，还需要几年的积累。小离年岁大了，已不想再等，曾赌气和强子提出几次分手，强子都不肯答应。

这个时候小离上班的公司也出现了一些问题，稳定的收入受到冲击，只有底薪可以度日。小离在公司也有一段时间了，非常热爱这个集体，期待公司能够翻身，可是目前的收入确实是受到了影响。两方夹击，她心情真的是好不起来。

这天下班之后，同事方云问小离要不要看话剧。刚好有人送了票，但是方云晚上突发安排，这票浪费了怪可惜的。小离想也好，自己之前也是喜欢看话剧的，就去了。

那晚的话剧是《那次奋不顾身的爱情》，竟使用了比较火热的穿越手法，一下子就吸引了小离。生活在现代的周爱国无意中穿越回到奶奶徐淑珍生活的年代。在那个战火纷飞的岁月，周爱国不仅收获了自己和静怡的爱情，也见证了王文学和奶奶徐淑珍的相爱。这本是一部喜剧，可是在以战争为背景的大时代下，四个主人翁对国家的大爱和对心爱之人的小爱融合在一起，艰难取舍，让小离潸然泪下，感动不已。

从剧院出来，小离望着天上的圆月，突然觉得自己十分幸运，能够在这个和平的年代拥有如此多的东西。可以想爱就爱，可以言论自由，可以依着自己的喜好随意去逛大街，更可以通过自己的努力和选择改变困境，无论是欢快、苦闷还是愤怒，都有可以宣泄的出口，如同话剧的编排和演绎，既能向观众展示剧情，亦能引起观众的思考，寻找自我。想到男友对自己的细心和执着，小离不禁笑了：既然相爱，何必纠结于这两年就结婚呢？真正的爱，必然经得住时间和空间的考验。

她买了男友爱吃的东西，加快脚步去了他那里。她要跟他好好地享受相爱的每一天，无论将来如何，都好好爱他，好好爱自己，好好地经营自己的人生。

2

舞台剧是活人见活人的，不像影视剧有庞大的空间和包装。舞台下有上千人，常常一坐就是一两个小时，而看话剧最本质是在看冲突，只有跌宕起伏的情节，激烈而矛盾重重的冲突，才能够吸引观众的注意力，调动观众的情绪，让观众如同剧中角色一样，直面角色与角色的冲突，以及角色内心的冲突，甚至是观众因为对于剧中人物本身的看法而造成的观众自己内心的冲突。

可以说，话剧非常考验演员，更能考验观众。由于是观众直面演员和场景，那种情绪感会非常强。看到不平之处，会更加虐心，甚至义愤填膺。而我们的现实生活，在某些时刻和某些事件上也会发生这样的情绪，这个时候，我们就要学会控制自己。

上学的时候曾看过一场同学们自编自导的话剧。有一对夫妻非常相爱，男主是外地人，女主是本地人。因为公婆到来，整个家庭发生了许多因为文化差异、风俗差异所导致的矛盾和冲突，由于事情发生时大家都不能控制自己而直接导致女主母亲瘫痪、精神失常，间接导致男主父亲过世，甚至男主的母亲最后郁郁而终。遗憾的是，孩子出生之后，男女主角一直因为矛盾处于分居状态，等着抱孙子的婆婆临死也没能抱抱孩子。非常现实且矛盾重重的情节，观看的时候心情也随着人物跌宕起伏备受折磨。一方面为剧中人物的命运而着急，另一方面又为凄凉悲惨的结局而叹息。我们会想，如果媳妇能够从老人的角度多些考虑，如果婆婆能基于媳妇长大的环境而对小辈多些宽容，如果丈夫能够在中间发挥家庭润滑剂的作用，对老婆多些体谅，对母亲多些劝慰，也许这个家会夫妻和睦，婆媳和谐，公婆儿孙绕膝，充满欢乐和满足。

然而，一切都不可能重来，包括我们的人生也是。人生如戏，我们所生活的世界其实是一台现实而庞大的话剧，我们都是剧中的人物，但我们的人生不能重拍，也不能反复修正。所以我们在生活中遇到矛盾和冲突的时候，不要让冲动占据我们的头脑，学会去冷静，去包容，去站在他人的角度考虑问题，那你一定会有意想不到的收获和幸福。

3

薇薇是个全职主妇。

结婚 10 年，有两个小宝，大的 6 岁，小的 4 岁。丈夫工作和收入都比较稳定，人也体贴，一家人虽说不上大富大贵，也算衣食无忧。薇薇每天的工作就是送孩子上学、收拾家务、煮饭，幸福而满足，然而薇薇却总感觉少了点什么，有点乏味。回想自己原来上学的时候，也是文艺女青年一枚，风花雪月，阳春白雪，高雅而诗意。如今柴米油盐，虽然夫妻琴瑟和谐，却少了意外和惊喜。

薇薇有点儿不开心了，也说不出什么具体事情。丈夫也感觉到了，妻子如往常一样该做什么便做什么，可是脸上的笑容少了许多，话也少了。他想一定是最近工作太忙，陪伴妻子的时间变少，妻子不满意了。

转眼到了薇薇的生日，她如往常一样把孩子送去学校。跟孩子说了再见之后，她一转身就撞在一个人身上，抬头一看是自己的老公。

她很诧异："怎么没有去上班？再不去该迟到了。"

老公一把揽住她说："亲爱的，生日快乐！今天你是我的了！白天我带你去逛街，吃大餐，晚上我们一起去看你最喜欢的话剧，如何？至于孩子，我已经安排让老妈下午来接，妈虽说年纪大了，偶尔接一次没事。"

薇薇一时愣住了，小心脏竟然怦怦怦地跳起来，如同他们初次约会的那一天。

　　毫无疑问，那天薇薇很开心，话剧也是她最喜欢的类型，她一向喜欢话剧，觉得贴近生活，更加真实。平素被生活琐事占满了时间，心境也乱糟糟的。看了话剧之后，心情莫名其妙舒展开了，感觉自己和喜欢的东西离得并不远。

　　这是一场在柴米油盐之外的时空和内心深处潜藏的自我来对话的仪式。当你暂时抛却快节奏和琐碎，让整个人沉浸在只有自我的自在时间，你的灵魂会受到洗涤，获得放逐。

　　无论你处于什么境地，春花依旧盛开，夏日不改炎炎，秋风从来多情，冬雪素来坚贞，心烦意乱的时候，不妨去看一场话剧，滋养一下干涸失落的心灵吧。

漫步在四季的恩赐里

1

楠楠很喜欢晚饭后出去走走，有时候也和一起租房子的室友做个伴。在外打拼多年，忙碌一天吃完晚饭，才是真正属于她自己的身体和灵魂的时间。

她走在明亮的灯下，内心的感觉是微妙的。她觉得夜让人温馨，给人包容。漫步的时候思绪会飞得很远很远，可以海阔天空地畅想，也可以编故事给自己听。她还想着将来结婚生子了，和爱人在一起的情节，和孩子在一起的快乐。走着，幻想着也幸福着，喜欢的路可以来来回回走，喜欢的植物可以天天触摸、观赏，就这样度过了春夏秋冬一天又一天的漫漫长夜。

有时候会下雨，雨停了也会看时机出去逛逛。雨后的空气里混着泥土的味道，新鲜而湿润，让人很是舒服。也会有些雾气环绕，心情很放松。尤其是春天和初夏，天气不冷不热。就这样漫步在夜晚的怀抱里，享受着大自然的恩赐，思维也进入一个舒服又奇妙的空间。想到开心的事情不自觉地咧嘴笑，想到为难的事情也会眉头紧锁，或者自言自语。若是在白天估计要被行人诟病，而夜晚就是这么包容。

也能看到小区里的人们一家人出来，或者也有带小狗小猫的叔叔阿姨们，和邻居们聊天，说不够。而楠楠最喜欢一个人在夜空之下，和影子做伴，她觉得这是一种浪漫，也是独处的奥妙。虽然孤寂些，倒也乐得自在。因为漫步与夜晚结缘，实在是人生乐事。

2

有人说：没有一场旅行会错过春天。

每到三四月份，无论是大学生、中学生、小学生，还是企业、家庭、事业单位，踏春都是火热而不变的主题。万物复苏的季节，沉睡了一个冬天的身体和思想也清醒过来了。春日仙子左手拎着缀满花朵的竹篮，右手托着绿意和美好，向人世间抛洒而来。

妙妙的公司也不例外，每到春季就组织大家去春游。妙妙是个比较宅的人，平时不大爱出门，公司利用休息时间组织出游，她一开始很反感，觉得还不如在家睡觉呢，身体能得到休息，节奏也放慢了。可是公司要求必须参加，妙妙无奈，只好跟去了。

公司这次的行程分为两天，第一天是拓展，第二天是旅游。一看到穿着军装板着脸的教官，妙妙眼前一黑：完蛋了，这是要累趴啊！心里不禁把负责组织的人祖宗八辈问候了一遍。由于同事们平时都是坐办公室，体育锻炼比较少，拓展的强度确实让大家有点吃不消。但是，随着拓展项目的展开，大家竟开始觉得有趣了，妙妙一直嘟着的嘴巴也放开了。春季湿度适当，温度适中，虽说要动起来，但并不是很热。而且拓展中并不是一直在奔跑，而是由各种项目组成，尤其是信任背摔、悬崖索降这两项，颇受大家欢迎，妙妙看着大家兴奋努力的样子，竟不自觉有些感动。

悬崖索降的高度是 30 米，每个人必须按照指示降落。妙妙偷眼瞄了一下：我的妈呀，那么高，到处都是石块。男人们比较勇敢，打头阵，女人们就不行了，慢慢腾腾，有好几个女生还没开始就哭了。终于，在教官的鼓励和伙伴们的帮助下，最后一个女生脸上泪痕未干，也闭着眼下来了。伙伴们拥抱在一起为自己喝彩的时候，妙妙看到悬崖底有一朵小花，羞赧而坚韧，迎着春风尽情绽放。她想：春天，真是个勇敢的季节，一切都可以重新开始，一切都还有改变的可能！

转眼到了第二天，早上刚醒来，就看到酒店外面的牧场上有几只羊驼，第一次见呢，妙妙特别兴奋，没洗脸就拉着同事奔过去了。山里的空气真是清新，天蓝得让人沉醉，看着羊驼憨憨可爱的样子，妙妙禁不住笑出声来，完全忘记出发前不情不愿的心情了。大自然真是奇妙，春天更是它最得意的杰作。她突然有点感谢公司强行把她拉出来，原来真正出来之后，人真的不一样，心胸打开了，和春天深情拥抱，生活太美好了！

3

总有人说：世界那么大，我想去看看。可是多数人只是喊个口号，没有本质的行动。理由无外乎是没钱，没时间。其实，世界并不仅仅指远方，我们身边的美景也是世界的一部分。

春天来了，花儿是这个季节的主角。可是你不一定要去普罗旺斯看花。小区的一角，城市道路的两旁，甚至行进在高架上，你都能欣赏到怒放中的春之公主。她们那样单纯、直接，天真地向世人展示着美丽和傲娇。

承受重压的时候，我们想出去散散心。有的人飞到马尔代夫，有的人飞去夏威夷。而你也可以就近爬爬山，绿意盎然，飞鸟盘旋，大汗淋漓的同时呼吸着大自然里最清新的空气，身体和心灵都得到沐浴。

无论我们心情好或不好，生活顺或不顺，有时间就出去走一走吧。大自然独具匠心，诞生四季。春天安静，夏日活泼，秋风多情，冬雪晶莹。

有时候春风和煦，岁月静好，有时候暴风骤雨，寒冬瑟瑟，正如我们的生活起起伏伏，有得意亦有失意。生而为人，每年四季轮回，是天道。而渺小的我们，无法改变，却可以学着去适应、去欣赏。

四季交替恩赐了我们美景，亦教会我们体会人生。

第四章

一辈子很长，要和温暖有趣的人在一起

重要的人和物都要常相见

1

过年了。

如往常一样，小荷一到家就和另外 3 个姑娘约定了见面时间，一年一次的会面，对她们来说异常珍贵。

坐在赶往目的地的车上，小荷嘴角止不住地上扬，思绪回到了多年前……

那一年，她刚上高中，由于宿舍床位的关系，她认识了同班的小敏、小南和英子。4 个姑娘年龄相仿，很快便玩到了一起。那几年，她们几乎同吃同住，形影不离。学习上相互帮助、生活中相互扶持，一点一滴中建立了非常深厚的友谊。

几个姑娘中小南和小敏家境是最好的，另外两个父母都是农民，家境困难。尤其是年龄最小的小荷，不仅经济上捉襟见肘，而且父母关系不睦，时常拌嘴打架，所以她总是心情苦闷，暗自垂泪，吃饭也是有一顿没一顿的。小南心思细腻，经常不着痕迹地帮助她，让她很是感激。

青春期的女孩儿，暗恋是永恒不变的主题。4 个姑娘也不例外，她们不仅都心有所属，还参与了彼此的期盼与失去。高二的时候，小荷爱上了自己的数学老师，他比小荷大 10 岁，英俊开朗，风趣幽默，专业造诣也让人交口称赞。小荷数学成绩一直很优秀，和老师的接触也相应频繁。没多久，小荷就严重单相思了。可惜老师已婚还有孩子，这一段暗恋注定不可能开花结果。课业不繁忙的时候，小荷就经常呆呆地坐着，她想到父母的矛盾，又想到喜欢的老师，眼泪就止不住地往下掉。

周末到了，如果不回家，4个姑娘就会如约一起来到她们的秘密基地。那是一个柳青青、水粼粼的地方，在学校往南一公里的位置，假日人不多，就成为姑娘们谈天说地、交换心事的好去处。在那里，小荷不仅倾诉了自己的迷茫与爱恋，还抱着姐妹们痛痛快快地哭了一场。姐妹们包容了她，还开解她，虽说并没有解决办法，但说出来心里竟畅快许多。

　　许是小荷这段时间沉迷于自己的苦闷，竟没发现小南已经暗度陈仓，和一个叫小涛的男生感情日渐升温，姐妹们都为她高兴。

　　暑假了，因为马上就是高三，大家都更加重视学习，4个姑娘商量之后，报了暑期补习班。学习上各有长短，姑娘们还能做彼此的老师，感情更是日渐深厚。这时候发生了一件大事：英子暗恋的一个小伙儿大伟来找她了！英子性格内敛，听到这个消息坐立不安，纠结要不要去见。

　　有些人总是吸引着自己往前走，英子也不例外。她还是见了那个人，还确定了彼此的心意。因为这个人，英子尝到了爱情的甜蜜，也独自咽下了苦涩，甚至差点丢了命，这是后话了。

　　高考之后，大伟考上了理想的学校。4个姑娘因为没有被理想中的学校录取，也不服从调剂，选择了复读。小南、小荷和小敏选择了另外一所高中复读，英子还留在原校。虽然分开了，但是每过一段时间，大家都会去秘密基地相聚，畅谈学习与理想。

　　又一年的大考来临，高考前夕，小敏的爱情尘埃落定，小荷又见到了那个老师。次日第一门语文考试，那人竟是自己的监考老师，小荷心里一颤，还是镇定地完成了考试。

　　她相信，有些人是命中注定的，要一起走一遭。如同自己的3个闺密，她们一定都是天使，为了让小荷的生命不那么枯燥，特地来陪伴的。

　　很快，4个姑娘都得知自己考上了理想的大学，同时，也面临着分别。四年高中，不离不弃，陪伴着彼此的青葱岁月，包容着彼此的喜怒哀乐，也解读着彼此的迷茫与心事。

　　临行时她们约定：一定要常常相聚。

2

大学里的生活丰富多彩，小荷也跟其他同学一样，每天忙碌而充实。直到有一天她接到英子的电话。刚接起来，就听到英子上气不接下气的哭声："荷，大伟不要我了！"

小荷震惊：不是认识多年又彼此钟情吗？这才多长时间？赶忙问英子原因，英子说："他嫌弃我读的学校普通，已经在自己学校找了新的女朋友了！"小荷愕然，在她们的观念里，爱情纯真而高尚，不掺杂任何杂质，如此功利，真是第一次接触到。她赶忙给英子宽心，让她多多休息。又马上给小南她们打了电话，让大家多多联系她。

可是风波未平，又传来噩耗，英子去洗手间的时候突然晕倒，被医生诊断为突发性脑出血，紧急做了开颅手术。小荷和小敏的城市比较远，只有小南马上赶到英子身边，衣不解带地照顾她，并每天向小荷和小敏告知英子的情况。

英子刚刚手术完的时候，大脑意识并不清晰，不怎么认识人，也不记得很多事。但是经常听到她自言自语，小南凑近听了之后，眼泪就掉下来，英子说的都是她们4个姑娘曾经一起经历的事情。小荷和小敏听说之后，沉默良久。所幸英子身体底子好，顺利出院。

以前的伤痛忘了也好，不忠之人，不屑与之为伍。有些人，有些事，一辈子都不会忘记，也有些人，有些事，就是用来忘记的！

大学一毕业，小敏就结婚了，结婚的前夜，4个姑娘在一个房间里聊天，感慨时间过得真快，都要给小敏做伴娘了！很久没有聚在一起了，想起高中初相遇时的金兰之好，就好像是上辈子发生的事情。几个傻姑娘不知聊到什么时候，但这时小荷才知道小南已于一年前同深爱的小涛因误会而分手，震惊叹息间就进入了梦乡。

第二天举行婚礼的时候，小涛意外出现在婚礼上，这个倔强的男子，还是想挽回小南，可是小南根本不愿意见他，但是她眼里的无奈与难过却无法隐藏……

婚礼之后，小敏出去蜜月旅行。小荷和英子陪伴小南回到初相识的地方待了一会儿，站在大操场上，把学校环顾了一遍。小荷盯着教师宿舍楼的出口望了一会儿，多少次，她偷偷看着那个男人风度翩翩地走出来，如今物是人非，留下无限伤感。还好有姐妹一直陪伴自己，酸甜苦辣，大家一起尝。

3

车停下了，小荷一下车，就看到另外3个姑娘，不，已经是孩子的妈了，笑意盈盈地在门口，大家到的时间也那么一致。小荷快步走过去，没发现自己又流泪了。从小敏的婚礼之后，大家就每年才能见一次，天各一方，无法时时相伴。4个姑娘都嫁人生子，每家都有两个活泼可爱的宝贝，最大的都10岁了！

每次我们写毕业致辞都会说：愿友谊之树常青！但真正做到的能有多少呢？从少年到中年，我们遇到的人无数，可是交心的却屈指可数，这些重要的人，参与了我们生命中最重要的瞬间。岁月匆匆，山河变迁，每当我们遇到挫折，伤心难过的时候，我们想到的是我们的闺密，我们的兄弟。我们想跟他们见个面，聊个天，哪怕相对坐着什么都不说，也觉心旷神怡。

记得那时年纪小，你爱谈天我爱笑。很多人走上社会之后，就很少交知心朋友了，所谓的哥们儿或闺密，多数是读书时候相交的。学生时代的感情最纯粹，不掺杂功利与偏见，只以心相交、以性情相交，所以弥足珍贵。

人生短暂，重要的人和物，要常相见。

常有仪式，留下带给你美好的朋友

1

电视剧《新还珠格格》里有个场景让我印象深刻，并为之感动。小燕子和紫薇过生日，令妃娘娘亲赐新衣。两人回到漱芳斋，刚踏进大门时，到处一片黑暗。突然间无数太监从大厅出来，点燃了蜡烛，院子瞬间敞亮。班杰明和太监们身穿西洋乐师的服装，唱起《小燕子之歌》。然后金锁和一众宫女又演奏《紫薇歌》，把两个姑娘感动得热泪盈眶。

早在生日祝福的前几天，漱芳斋里的宫女太监们就经常消失，暗中排演节目，连令妃娘娘和郎教士都只能"听命行事"，西洋乐队和国乐队完美合璧，众人还吃到了郎教士做的生日蛋糕。最大的惊喜是小燕子青梅竹马的好朋友柳青和柳红竟被接进宫与她们同乐，这一个一个的惊喜让人不感动也难。

其实整个过程中一股浓浓的仪式感作为主线贯穿始终，漱芳斋的主子和奴才们情感深厚，从上到下没有尊卑观念，以朋友和家人相处。两个姑娘过生日，朋友们精心设计、秘密筹划、投其所好，调动一切资源和力量，为友人的生日送上终生难忘的祝福。

这样的人生是美好的、生动的、历久弥新的，而这些美好和生动，都需要仪式感来成全。毕业时送给彼此的照片和留言本、闺密新婚送的创意相册、抑或是朋友失意时酩酊大醉的陪伴，生活就是需要这些一点一滴小小的仪式感，来记录人生坐标上的关键节点，不至于时光流逝，过后想不起这些平常而重要的场景感到遗憾。

2

祥子一下班就匆匆收拾东西，我诧异，问他："今天是怎么了？平常没见你那么急。"祥子笑了："一个好朋友升职，我定了个餐厅，叫上几个平时关系不错的哥们儿，给他庆祝一下。"

虽然我并不知道他那朋友具体是什么样的职位，工作环境如何，但是我能够想象得到这升职背后的艰辛与汗水。在多少个标准工时之外，有人在享受家庭温馨，有人在灯红酒绿之处酩酊大醉，而他，却在默默奋斗，一步一个脚印地往前走。也许有遇到阻碍的时候，也许有想要放弃的时候，可是，在那别人看不见的暗处，他还是坚持往前走，不断地鼓励自己。终于，他攀登到了自己的第一个山顶，风景无限，心旷神怡。

这大概是我们每一个人在某一个人生阶段都做过的事情，成功了一小步之后，其实我们想的并不是心里暗暗高兴一下再继续默默往前走，因为人生注定是一条奔跑不止、奋斗不息的路，我们也希望当我们小有收获之后，能够有那些如同高速上的大大小小的加油站，供我们休憩，然后加满油重新起航。而这些加油站，就是我们所期待的仪式感，能够有人和我们一起分享、记录，无论是成功，或是得到的启发。

我能够想象，在这个陌生又熟悉的大城市里，有一伙青年人，在一个不大却温馨的餐馆里，开心地用餐，愉快地畅谈。那种愉悦，如同完成了一个重要的大工程，过去的付出与汗水都值了！

人生的路漫长而曲折，我们要懂得，并不只是一味埋头苦行。在很多的重要时刻，我们需要仪式感来丰润我们的人生，抚慰我们的辛苦。它让我们在一些美好的仪式下，感激生活，感激自己，也对未知的未来充满希望。在能够摸得到的仪式里，我们总结过去，也珍惜现在。

朋友是上帝给我们这一生最珍贵的礼物，朋友的美好时刻，也需要我们来见证、来记录。毕业典礼，我们一起戴上学士帽，留下学生时代最珍贵、最惺惺相惜的瞬间，多年后翻开毕业相册，那青春的脸庞，无畏的笑容，让人甚是感动。有些人，你不去看一看相册，可能都忘记了。

3

娟娟本科毕业十年了。应母校邀请，全体同学于5月的一天回校参加十周年聚会。

一踏入那个城市，娟娟的心就开始跳动了。车子开到学校门口，她看到母校的大门已经换了，但校名那几个大字仍旧亲切。站在学校门口，她环望了一下，看到大门斜对面的一条窄窄的小街，之前被同学们称为"小吃街"。读书的时候，几栋主教学楼靠近大门口，如果下课时间赶到饭点，娟娟就和宿舍的姑娘们一起开心地冲向小吃街，尤其是在考研的那段时间，大部分饮食都是在小吃街解决的。鸡蛋面、煎饼馃子、麻辣烫、炒米皮，这些可口的小食承载了她们大学期间美妙的吃货时光。

时间尚早，娟娟就索性去小吃街逛逛，她看到那家面馆尚在，就进去坐了下来。老板说："姑娘，今天好几个客人到我这儿，看着应该是已经工作了。你是回来参加同学聚会的吧。"娟娟笑了，她知道大概是同学们回来了，就和老板拉了几句家常，随便吃了点就进学校了。

过了教学区域就进入生活区，路两旁的合欢树高大青翠，如同大学生一样蓬勃。她知道，合欢花快开了。每到6月份，合欢花竞放，树影婆娑，娟娟和同学们在去上课的路上流连忘返，好几次差点迟到。想到这里，她禁不住笑出声来。有个声音打趣她："我道是谁，原来是吃货娟娟！"她一回头，看到同宿舍的亚亚走过来，多年不见，竟恍如昨日。两个人激动地拥抱在一起，一起往中心花园走去，这里的花儿正开得绚烂，毕业那年，她们在这里拍下无数照片，如今QQ空间里还保留着，家中的相册里倩影仍在。那些念书的早晨，打闹的周末，在中心花园留下了太多难忘的回忆和人生中再也不能复制的快乐。

座谈会定在大家最爱的阶梯教室，会议首项是院长点名，大家答"到"的声音都微微有些颤抖，有的同学都掉眼泪了。最后，院长念到了一个名字，这个名字大家都深刻铭记在心里，是一位已经去了的女同学。她家境困难，放假的时候大家都回家了，她因出去找兼职而遇害。可是大家从来都不曾忘记她，大家这一班，一个都不能少。念到她名字的时候，大家集体答了一声"到"，声音响彻整个教室……

我想，同学聚会不仅仅只是聚会吧，它是一个庄重的仪式，纪念我们曾经一起度过的日子，纪念我们在象牙塔里这一生都不会再经历的时光和成长，也让我们在社会上打拼多年后，回到出炉的地方，提醒自己不要走错路，勿忘初心。诚然，有些人我们今年见了，再过十年是否还能见到，这是一个未知，因为人生处处充满意外，所以，聚会就是把我们组织到一起，多多相伴，珍惜在一起的日子。如果有可能，尽量多见吧。因为有些缘，是上天注定，短或者长，留下美好，是最重要的。

写信给他们，体验"从前慢"

1

许多年前，合欢曾经喜欢过一个人。

那时候刚上大学，有一天军训的时候，她看到一个穿着迷彩军训服的男子迎面走来。擦肩而过的时候，他笑了。

合欢从未见过笑得那样好看的男子。

后来得知，他是隔壁班级的军训教官，比自己大两岁。跟其他教官一样来自离学校不远的部队。休息的时候，两个班级在一起搞活动。因为会唱同一首歌，他们认识了，有时间的时候偶尔交谈，彼此觉得很投缘。

那时候年纪太小，虽说有种懵懂的喜欢，然而从未开口。

军训结束回到部队后没多久，他就结束了两年的服役生涯，复员回家。走的那一天，合欢翘了课，跑去火车站送他。在火车站的小餐馆里，他们一起吃了个午饭。即便在很多年以后，合欢也想不起那顿饭的味道，许是心情的原因，味同嚼蜡吧。

但是终究，什么也没说，他给她留了家乡的地址。

自此他们开始书信往来。那时候其实可以打电话了，然而合欢喜欢写信的感觉，一字一句，写下遇到的人和事，写下对他和他的家乡的好奇与向往，通过邮局寄出去，等待，期望。

距离比较远，信到达的时间需要一周，回信更是慢，从合欢寄出到收到回信需要半个月。

合欢喜欢木心先生的《从前慢》，"从前的日色变得慢，车，马，邮件都慢，一生只够爱一个人"。合欢每每读到"一生只够爱一个人"，眼泪就会掉下来。

合欢的心思他懂，他自己的心思她也懂。可是，爱情，从来都不是相互喜欢就可以。门第、学历、文化差异都可以成为分开两个人的理由或者是悲剧的源头。合欢是个太好的姑娘，他不想以后她后悔，所以他很少回信。

每次收到他的回信，合欢都激动地拿着看好半天，再小心翼翼地拆开。一字一句地读，生怕错过什么。既希望他说点儿什么，又怕他说点儿什么。

直到有一天，他在信里告诉合欢他有女朋友了，双方父母都觉得满意，可能会结婚。

"女朋友"三个字强烈地刺痛了合欢的眼睛，痛得掉下泪来。她撕掉了那封信，扔进了垃圾桶，蒙上被子哭了许久。可是哭完了，她还是从垃圾桶里扒出那封信，小心翼翼地粘好，和其他的信一样，放在一个精致的盒子里。那是她的宝贝。

合欢抽着鼻子给他写回信：见字如面，恭喜你……

不知道他后来有没有跟那个女朋友结婚，但和合欢之间的书信往来越来越少了。后来，合欢也结婚了，彼此之间慢慢断了联系。然而，合欢依旧保留着那些书信。每一年，她都会写一封信给他，只是不再寄出，保存在盒子里。仿佛虽然和他不在同一个城市，然而因为这些书信，还和他在这个世界上保持着某种联系。

生活掀开了崭新的一页，只有那些信，历久弥新。少女时代的思念和过往都记录在书信和日记里，从不后悔，也珍视如初。在那个时光缓慢的年代，真情细腻，真爱坚贞，一字一句，念念不忘。

慢一点，再慢一点，纸、笔、信封、邮票，都精挑细选。这样的一份仪式感也给交流赋予了庄重而心动的感觉。慢慢地写下一封信，慢慢地寄到你想要寄的人身边。怀着期待的或者不安的心情等回信，再看信，如果现在的年轻人还能以这样的心情恋爱、结婚，也许就会更多一些天长地久的相守吧。

2

很久没有人给青青写信了，和朋友们都是通过微信、电话联系。青青最后收到的一封信是在10年前。

她刚入大学没多久，收到一封来信，是个男孩子写来的。他自称是青青的高中同学，曾经得到过她的帮助——借英语笔记给他。青青想了一下，由于读书的时候基本是两耳不闻窗外事，班里人数又多，实在不记得这个男生的容貌，名字也不熟悉，但还是出于礼貌回了信。

　　青青性格比较内向，容貌、家境都很普通，在别的女孩子相约出去逛街，甚至都开始谈恋爱的时候，青青的生活还是如高中时一样单调、平静。而那个男生每月一次的来信成了她大学时代最不一样的色彩。他们聊学习、聊生活，偶尔也聊些八卦，青青发现这男生的文笔很不错，字字珠玑，有种艺术家的感觉。她也喜欢写文章，偶尔写些随笔，对文学很是热爱。这方面倒是有惺惺相惜之感，信里也聊最近看了什么书，感觉如何，如果青青感兴趣的话，男生也会寄书籍给她。

　　这样的状态一直持续到青青大学快要毕业，有一次男生的来信里说自己打算去一个大城市工作，这个城市离这里很远，问青青是否愿意跟他一起。青青犹豫了，这个人是在表白吗？可是自己对他并不是那种喜欢啊，况且她已经选择了考研继续深造。这封信青青没有回，男生也再没有寄信过来，仿佛人间蒸发了一样。

　　这是他寄给青青的最后一封信。

　　青青如愿读了研究生，生活还是如往常一样，上课、兼职、写论文，只是忙忙碌碌中，总是少了点什么，她偶尔会想起那个写信的男生，怅然若失。直到青青毕业找工作的时候，有一天有个人找她。她认识这个人，是高中时候班里的学霸，他提起那个男生，并给了青青一个很大的纸盒。

　　学霸说：三年前他检查出癌症，几经挣扎，还是走了。走之前留了这些东西，让我转交给你。

　　青青颤抖着接过来，打开，有很多的信，都是他写的。这些信码得整整齐齐，还写上了日期。青青一封封看过来，写的是他这些年对抗病魔的经历、对青青的思念以及对未来的规划。她看到一封颜色不一样的信纸，上面写道：

　　青青，从前，我对生活充满了希望。我希望在毕业之后，努力打拼，能够有能力给你好的生活。可是，意外来得猝不及防，即便我努力挣扎，想要继续活下去，有些东西还是无法克服。有一句话我一直想对你说：我爱你。对不起，我终究无法继续守护你。

　　祝你幸福，再见！

这封信的背后，是一份大病险的保单，被保险人是青青。他濒临之际，给青青留了一份保障。

青青的眼泪掉下来，即便她从没有爱过这个人，即便她从不记得这个人的容貌，可是，在这个世界上，竟有一个人这样默默地、执着地，甚至不求回报地爱着她，她还是感动不已。

10年了，在这个通信方式越来越快捷的时代，爱情和婚姻也越来越仓促。书信传情几乎看不到了。可是书信里所表达出的情感，却不是微信和电话能够比拟的。时光飞逝，一切都会淡去，一切都可能忘记，然后，书信里面的情和意却永远让人难忘，让人温暖如春。

3

你有多久没有写过信了呢？

出生在20世纪80年代的我们，大多数还是写过信的。写给同学，写给家人，写给暗恋的对象。而90年代的年轻人，恐怕对书信这种古老的通信方式十分陌生，连求职信都可以打印。

不过，当下学校里还是有人手写信的，那就是"情书"。打印版的？太没诚意了吧。情书这东西，光是听听就让人脸红心跳了。要表达爱意，当然是亲自手写、斟字酌句才能表达真情。收到情书的人，都是很开心，即便不是钟意之人所写，也按捺不住要显摆的心情。

情书，许是古今中外所有青春期最共通的东西。还有人说，没有收到情书？对不起，你的青春不完整。这件事情，放之四海而皆准，是浪漫的代名词。别的不说，我就存着一封老公写的情书，唯一一封，绝版了。

如果，你还怀念着自己的青春期，怀念着那一份情怀，怀念着那时候没能表白的那个人。也可以拿起笔来，给远方的那个人写一封信，笔墨传情，也许是一次特别的体验。若是机缘巧合，说不定还能成就一份迟到的姻缘呢。

无论何时，都要做一个温暖的人

1

多年不见馨蕊了，大学同学聚会上，她挽着一个男人笑靥如花地出现在我们面前。恍然间觉得好像是没毕业的时候，她依然明眸皓齿，青春依旧，仿佛岁月停留了。

其实说实在的，她嫁的老公不是她所喜欢的那种类型。个子不高不说，脸上还有不少雀斑，头发也不多，感觉一点儿都配不上她。可是馨蕊说她老公是个特别温暖的人。

每当馨蕊生理期快到的时候，他就去超市采购卫生巾、红糖和暖宝宝，郑重地放在馨蕊方便拿到的地方。生理期到的时候，他不但细心地给她准备红糖水，还贴心地把暖宝宝帮她贴在后腰上，给馨蕊减轻了不少痛楚。多少年来，这成了他每个月雷打不动的仪式，一到时间就赶紧准备起来，让馨蕊倍感温暖，感叹自己嫁给了良人。

不仅如此，他还有一张清单，上面详细记录着馨蕊的喜好和习惯，若有增加，还及时添上。一家人出去旅行，他总是把馨蕊需要用到的东西放在首位。换洗衣裤、唇膏、备用发箍等小物品，他还会准备馨蕊喜欢的零食，可谓一应俱全。馨蕊的每次旅行都很畅意，照片上的两个人总是洋溢着幸福满足的笑容。

馨蕊对老公也是细心体贴，他肩颈不好，馨蕊偷偷地去学了一些简单的推拿技巧，每天睡前都要帮老公捏上一会儿，缓解他的压力和疲劳。有时候他出差了，晚上不用馨蕊推拿，馨蕊都不习惯。但她在他的行李箱里放了便携式的肩颈按摩器，虽说不如馨蕊推拿的效果好，但是出门在外，有这个小物品也能缓解病痛。

我想，这就是岁月不欺负馨蕊的原因吧。相爱的两个人相互照顾、相互体贴，把温暖对方当成日常不变的仪式。可以是一个关切的举动，可以是一句体谅的话语，可以是一个我懂你的眼神，也可以是一个温暖的微笑。你的爱人需要的并不多，有时候一句鼓励就足矣。

人这一辈子，无论是什么身份，无论多有权势和财富，总会遭遇挫折和寒冬。一个身禀温暖和得到别人给予的温暖的人，能够扛得住压力，经得起挫折。因为温暖可以给予他无穷的力量。一个家庭里常有温暖，夫妻幸福，孩子活泼，就算这个夫妻之间遭遇考验，就算家庭遭遇难关，都能一起扛过去。因为温暖，让他们懂得彼此的在乎，彼此的支持，而这些都可以给他们勇气去面对、去克服。

2

记得去年大雪压城的时候，我下班回家。积雪很深，虽小心行走，还是摔了一跤。但是那块地实在是太滑了，我怎么都不能站起来。无奈之际，有两个路过的小伙子伸出了援手。我万分感激地说了几句"谢谢"，其中一个小伙子说："谢啥，举手之劳，谁还没个需要帮助的时候。"

那个大雪飘飞的夜晚，听到这样的话，我的心里暖融融的。这两个小伙子一定经常帮助别人吧，遇到这样温暖的人真好。

前段时间身体不适，一个人去医院输液。扎针后一手拿着输液瓶，一手拿着剩下的药水，怎么都挂不上那个挂钩，针眼处都回血了。情急的时候，旁边一位老大爷帮我挂上了。病中的我觉得温暖极了！

温暖是一种习惯和力量，送人玫瑰手有余香，我想我们或多或少都曾经接受过别人的帮助吧。尤其是身处异乡的人，当你举目无亲、茫然无助的时候，就算是一个陌生人的微笑都能温暖你的心吧。尤其是孩子，当他感受到那种被别人帮助所带来的温暖，那应该会影响到他的一生吧。因为那种温暖和感激会刻在他幼小的心灵上，让他铭记，让他也去学习。孩子的可塑性是最强的，他接受了温暖，就会学着去传递温暖。如果全世界的人都能做一个温暖的人，都能把传递温暖当成生活中的日常，生活中的常有仪式，让这个世界变得温情，让彼此都不再陌生，那世界会更加温暖和谐。

3

我们是否还记得，小的时候，父母叫我们贴心小棉袄或者小暖男。可是你有没有发现，我们长大之后，就不像小时候那样，给父母带来快乐和温暖。

青春期，似乎是一个转折点。我们开始以大吼大叫作为和父母交流的主要方式，或者以"你们根本不懂"将父母对我们的期待和想了解我们的心浇得透心凉。其实，不是父母不懂，是我们没有耐心，肆无忌惮地将自己的任性和随意展示给他们。而把温暖和知心话，给了我们的闺密、兄弟和暗恋的人。

每个人，都自带一个磁场。这个磁场的存在，本应该给周围的人带来快乐和温暖，而不是让人感到痛苦。这就是我们说的正能量了。我们都不喜欢每天抱怨、对人不友好的人，而喜欢那些浑身充满着正能量、用微笑和行动去感染他人的人。

我们发现，这些人有一些共同点。

这些温暖的人都爱笑。笑是他们和人打招呼的第一个仪式，可能我们说他们笑点低，或者没心没肺。可是如果你有什么事情需要他们帮忙，他们总是对你微微一笑：没事的，有我在。看到他们的笑你就会觉得，一切还有转圜的余地。因为他们带来的温暖给了你勇气和力量。

这些温暖的人总是很乐观。谁都有不如意的时候，温暖的人也会。可是他们总能看到希望，即便和你同处险境。他们也能在力所能及的情况下劝你不要放弃，他们把你拥抱在怀里，给你温暖，告诉你一切都会过去。

这些温暖的人自有一种吸引力。他们把温暖自己、温暖他人当成一种习惯，一种只要活着就要做的仪式。他们会把自己照顾得好好的，把家人照顾得好好的，只要可以，也不吝啬于照顾陌生人。这样的人自带魅力和阳光，让人忍不住靠近，忍不住想要和他们做朋友。

四季总有寒冬，生命总会面对残忍，无论何时，请做一个温暖的人。爱上温暖，传递温暖，让这世界温情无处不在。

礼物是心意最温暖的流露

1

情人节、生日或其他节日时，你有没有收到过来自他人的礼物呢？

我大腹便便将要生产的时候，一个研究生同学买了两套品牌响亮的婴儿玩具寄给我，这份玩具陪伴孩子度过了两年的无忧时光。每次看到孩子，我就想起我的同学，从毕业起也一直保持联系，7年了，从未间断。

儿童节的时候，老公从饰品店买了我最爱的粉色发卡和彩虹圈送给我，说我永远是他最爱的"女儿"。

七夕节的时候，外地工作的老公从上班的地方买了一枝玫瑰花，驱车几百公里赶回来送给我。虽然花瓣略微枯萎，我心里却有着满满的感动，欢喜地将花插入水瓶里，一直看到它枯萎。我知道，即便玫瑰会枯萎，爱却能长存。

在杭州工作的时候，一个大学同学去温州报到路过我那里。她送我一个清新靓丽的包包，我用了6年，已经有破损，但也不舍得丢弃……

这些礼物，或大或小，或高价或便宜，但都蕴含着一份惦记我、祝福我的心意。我也量体裁衣，对每个人赠以他们喜欢的礼物。

想起我和老公初次见面的事情。之前我们经同学介绍已经在QQ上了解了三个月，对彼此都有好感。刚好国庆节放假，他到广州来见我。那时我的手机出了故障，键盘特别不好用。一见面他就给我买了当时最流行的LG GD580，又叫棒棒糖，一款粉色的翻盖手机，漂亮又可爱。价钱是1000多，而他当时刚参加工作，每个月也就3000块钱工资。那款手机，我用了三年，一直不舍得换。直到喇叭坏了，再也用不了，他又送了我最流行的智能手机。每次我的东西有问题，他都马上给我换新的。言归正传，不仅如此，初见的时候他还带来当地的特产，满满两大包。他说我的班级一共也就12个人，总得让大家都尝尝。他的身材并不高大，但是当时听他说这些的时候，我就觉得他是值得我依靠的人。能够为别人考虑的人总归不会差，事实证明我的选择是对的。

如今时光荏苒，8 年过去了，初见时的场景和他送我的东西我还记忆犹新，成为柴米油盐生活中最闪亮的回忆。

《阿甘正传》大家都看过，男主阿甘总是喜欢送小礼物给珍妮。曾经在一篇文章里看到一句话，很是有感触。这句话是这样的：如果你经常能够收到来自同一个人的礼物，那一定表明这个人很在乎你，一直记得你，从来都没有忘记你。我想这个规则，爱情、友情还有亲情全部都是适用的。

2

今天是媛媛和阿翔认识 5 周年纪念日。

一大早，媛媛就精心装扮，心情愉悦地去了公司。上班的时候也心不在焉，一会儿看看时间，一会儿看看手机，可是，没有电话，连个信息都没有，媛媛就不大高兴了。直到下班的时候，阿翔来电话了："宝贝，今天太忙了，我订了个餐厅，等下把地址发给你，我们 7 点见！"

媛媛想，看在餐厅的分儿上，算了。就喜滋滋地去了约会地点。

左等右等，阿翔还没过来，媛媛又不开心了，说是 7 点，都过了 10 分钟。正打算打电话过去的时候，餐厅服务员走过来了，递给她一本相册：这位小姐，有位先生托我们把这个交给你。

媛媛狐疑地接过来，打开，原来是两个人从前的照片，记录了两个人从相识到现在的点点滴滴。照片上标记了时间、地点以及所发生的事情，初见时青葱岁月，眼神和肢体都透露着羞赧和甜蜜；相知时你侬我侬，祖国的大好河山见证了彼此的激情与执着；相惜时踏入社会，柴米油盐、开销账务让他们体会了如何去经营家庭，相互忍让。有笑脸、有鬼脸，也有沮丧的脸，媛媛一页页看过来，眼圈儿红了，幸福的泪水一滴一滴洒在相册上。

餐厅的门开了，阿翔西装革履、笑容满面地走进来，他手里拿着一枚明晃晃的戒指，单膝跪地：宝贝，今天是我们相识 5 周年，这 5 年来，你带给我太多的欢乐与感动、震撼与心动，这本相册是我送给你的礼物。希望你能接受我的戒指，嫁给我！

媛媛想起这段时间阿翔总是睡得比较晚，他一定是为准备这些花费了很多的心力。5年了，时间打磨了彼此的容颜与心境，也教会了他们成长与忍耐。她想：这就是她要的爱情，她要的婚姻。

这本相册花不了多少钱，可是礼物本身并不在乎大小贵重，关键是彼此的心意。当我们收到另一半的礼物，就说明另一半是很在乎自己的，就算是很普通的礼物，我们也很乐意接受。这个世界从来都不一直是艳阳高照的，而是有寒风也有暴雪，正是因为彼此的陪伴与在意，才温暖了你我的世界。

3

而礼物又不只是年轻人的专利。

曾听同事讲过一个故事，让人捧腹大笑之余，也感慨良多。说是他的父母感情很是要好，虽然他是独子，但是丝毫没有感觉到自己被关注。有一次情人节，他爸想给他妈买份礼物，让他帮忙给参谋。一大早饭都没吃就被拉着出去，陪着逛了大半天，他爸看了很多种礼品，就是不满意。他腿都快残了，老爷子还是兴致勃勃，容光焕发的样子让人怀疑是不是热恋。后来终于在一个金店里买了一枚小小的钻石戒指。回来的路上，他爸跟他说，年轻的时候没有钱，婚礼仪式也简单，更别提戒指了，根本就没有。现在生活条件好了，儿子也挣钱了，必须把这个戒指补上。一路上还一直唠叨，这戒指如何如何，特别配你妈气质之类的。他都觉得他爸有点儿魔怔，不就是个礼物吗？都老夫老妻了，至于那么夸张？

终于到家了，一回家看到他妈妈穿了一件很鲜艳的衣服，还烫了头发，化了淡妆。他有点儿看呆了，没想到老妈打扮起来那么漂亮。他爸忙不迭地把戒指给他妈套上，边套边讨好地说：老婆，你看这戒指，精致又清秀，跟你的气质一样一样的！喜欢不？他妈笑了，拿出一个包装美丽的盒子，脸有点红地说：你的礼物我很喜欢，我也给你买了一件衬衣，是你喜欢的颜色。

他爸竟然一下子就抱住他妈，还说：你买的东西没有我不喜欢的。弄得我这同事吃狗粮吃得都要吐了，还有更劲爆的，他爸竟然已经预订了晚餐的酒店，要带他妈出去吃烛光晚餐，关键是还不允许他去，他只能在家吃泡面！

　　我们几个同事听得都要笑死了，但同时也为他父母的爱情感动。老年人一样为爱人精心选择礼物，表达心意。我想，送爱人礼物是不分年龄的吧。容颜易老，但对爱人的心永不会老。

　　再小的礼物都是一点一丝的心意，更是一份温暖的在乎。因为有人在乎，所以被在乎的那个人能够感受到更多的温暖和爱，收获幸福和快乐。

　　相信我们每个人都收到过不少的礼物，价钱或高或低，但每一份礼物都是一份纪念，一份惦记，一份我不曾忘记你的表白。

节日是仪式感绽放的天堂

1

春节快到了，小茹的公司早早就发布了春节放假通知，还为每位同事提供了数额不菲的购物卡。

小茹是北方人，在杭州这些年，最盼望的就是春节假期回去和家人团聚。而回去之前，她必定要去超市采购年货和礼物带给家人。爷爷奶奶年纪大了，牙口不好，西湖藕粉清香可口，冲泡容易，最适合老年人，那是必须要买的。爸爸喜欢喝酒，无论白酒还是黄酒，肯定要带上两瓶。妈妈最爱甜食，且特别挑剔，那杭州的特色糕点，是要带上几盒回去的。还有关系要好的几个朋友，依照个人喜好，必定要备下小礼物。

每当选购这些，小茹心中就充满了浓浓的幸福感，她甚至可以想象到亲人的满足和开心。每次一到家，她就把这些礼物挨个送给家人和朋友，同时和大家叙叙旧，热热闹闹地吃顿饭。她甚至感谢有春节这个节日，让平时天各一方的亲戚和朋友们能够有机会相聚小酌，闲话家常。

母亲从腊月十五左右也开始准备年货，各类蔬菜、水果、肉类，冰箱总是满满的。腊月二十三祭灶，烧香跪拜，祈祷来年灶神的保佑。二十五开始，母亲就会蒸炸各类面食，馒头、包子、枣花、油条、花卷等，要准备几袋子，所以小茹一回到家就有许多好吃的，和杭州的面食不同，母亲做的总是格外可口，还有一股浓浓的家乡味道。

"二十八，贴花花"，在小茹的家乡，腊月二十八是贴对联的日子，一大早，父亲和弟弟就忙上忙下，把大门小门，甚至车屁股、灶台一侧都贴上，有的人家，门口有树的，树上也要贴。真的是忙忙碌碌，红红火火，小茹特别享受这种热热闹闹、充满希望的感觉，她回来过节之前，还把自己出租屋的房门两侧也贴上了对联。

转眼除夕到了，大大小小的鞭炮声不绝于耳，小茹一家吃着年夜饭，看着《春节联欢晚会》，一家人聊聊这一年来的喜怒哀乐。晚上关大门的时候，要放关门炮。初一一大早，还要放开门炮，多年来程序一直如此，从未改变。

初一一大早，小如一家就去爷爷奶奶、叔叔婶婶家拜年，见面要说过年好，还要说吉祥话，年纪小的还有红包拿，一整天都开开心心的。初二是走娘家的日子，小茹跟着父母去外婆家，外婆总是那么高兴，还准备一大桌根本吃不完的饭菜，小茹每次都撑得不行。

初三是祭祀逝去亲人的日子，如果亲人里有逝去的，这一天要去走亲戚。按小茹家乡的风俗，除了走亲戚，这一天不可以到别人家去，不吉利，人家也会不高兴，实在有紧急的事情，也只能下午去。这一天对小茹来说是最无聊的了，不能串门，她就在家里和父母聊天。对于外出打工的人来说，春节是在家陪伴父母时间最长的机会，每到离别，都泪眼婆婆，依依不舍，所以在家的时候就尽量多陪伴父母。

中国人一直非常重视春节，每一天都有特定的寓意和仪式。但无论是什么样的仪式，不变的是情谊和想要团聚的心情。带着满满的年货踏上回家的旅程，闻着浓浓的年味儿享受可口的年夜饭，亲人们一起享受美食，享受欢笑，而我们穷极一生追求的，不正是这些吗？

2

雨晴的老公在外地工作，一般是每周五回家一趟。遇到项目紧张的时候，要两到三个星期才能见面。所以什么情人节啊、七夕节啊、生日啊、结婚纪念日啊，不赶周末的话，总也不能一起过。雨晴和老公少年相识，彼此心心相印，伉俪情深。她老公由于工作非常忙，对于不能常陪雨晴过节很是抱歉。雨晴倒觉得，抓住可以相聚的时光，比什么都重要。

一到约定的老公回家的日子，雨晴就准时下班，早早地回家。老公开车到家约需要三个半小时，在这段时间里，雨晴会把家里里里外外清扫一遍，衣柜的衣物重新叠放整齐。餐桌和椅子也擦洗干净，卫生间更是不用说，起码要洗两遍。

卫生工作做完了以后，她会把书架、餐桌、床头柜等处的东西进行有序摆放，床单、被褥也换成白天刚晒过的，有太阳的味道。然后再沐浴，打理孩子，孩子睡着以后，她把老公的水杯清洗干净，加满热水，这样老公到家的时候水温适中，刚好可以饮用。

这些年一直如此，她雷打不动地保持着这些清洁和整理的仪式，希望老公回来可以看到整齐、干净、清新的家，也能看到美丽、温柔、可爱的她。她乐意亲手经营两个人的小窝，在这个温暖干净的小窝里，两个人抓住难得的相聚时光，互诉衷肠，嬉笑打闹。

节日是生活里的闪光点，我们都想要在这些特别的日子里，和想待的人一起度过。只不过，世事总难全。节日的时候，想要的人总不在身边。其实，只要你想，只要你有心，每天都可以是情人节，每天都可以是纪念日。你只需要在简单、平凡的生活上追加一点仪式感，睡前听一些喜欢的音乐、敷上面膜躺在床上冥想、抑或是洗手后一定要涂上护手霜，一点简单的改变和坚持，就能让你有意想不到的收获和快乐。

3

现在我们来做一个设想，假如取消所有的节日，生活会变成什么样？

没有节日，那就是每天都像平常一样过。兴许就像工厂里的流水线，有既定流程，有惯性，有无懈可击的程序代码，一帆风顺，无意外和波澜，当然也谈不上惊喜和悲痛。

如何？是不是觉得这样的生活非常寡淡？

所以我们应该感谢我们的祖先和中华上下五千年的文明，给我们创造了各种各样的节日，并用每个节日要举行的不同仪式把它和普通的日子区别开。因此，我们的生活像一首诗，充满期待和快乐的旋律，那些特殊的日子被提前标记、被长久期待、被郑重对待。我们作为节日里的主角，为节日举行相应的仪式来铭记它，而且那一天会铭刻在我们的记忆里，被珍视，被反复回忆和津津乐道。且每次回忆和提起，都能为我们带来快乐和满足。

端午的时候，我们包粽子、赛龙舟，把对古人的思念和敬重融进这些仪式里。中秋节，我们拎着大包小包往家赶，其中，必定有一盒香甜的月饼，承载着我们对团圆的渴望。春节，提前 1 个月我们就买好了回家的车票，采购了满满的年货，里面有给爸爸的酒、给妈妈的围巾。那鞭炮声声、阖家欢乐的几天，怕是我们一年里最幸福的日子吧。这些节日的仪式带给我们温暖的力量，是我们幸福的源泉。

第五章

用细节把日子过成诗

细致入微才是爱情的保鲜膜

1

思思肩颈不好，多年来一直被偏头痛困扰，跟了自己的老公大鹏之后，偏头痛发作的次数越来越少了。因为每当他们搬到一个地方，大鹏第一时间就是去找附近的按摩机构，帮思思办卡，有空就带她去疏通调理。有一次逛街看到别人介绍乳胶枕可以帮助睡眠、调节肩颈问题，大鹏立马就给思思订了一个，思思用了觉得舒服，他就马上给岳母也买了一个，因为思思经常说自己的母亲睡眠不好。

有时候她缺什么东西，只是随口一说，大鹏外出的时候就会顺便帮她带回来。两人外出逛街，思思经常一兴奋就忘记要买什么东西，大鹏总是很细心地提醒她。和大鹏在一起之后，思思的生活明显顺畅了许多。

他们一开始住在出租屋里，房间里家具很少，只有床、沙发、衣柜和书桌，很多小东西没有妥当的地方安置，所以思思经常乱丢，下次要用的时候又找不到，特别是女孩子的东西，一时找不到很是麻烦。有一次大鹏在网上采购了一套收纳柜，收纳柜是由好几片不同颜色的塑料板组成的。大鹏自己组装，他把柜子做成一格一格的固定在书桌上，告诉思思蓝色格子放什么，红色格子放什么，紫色格子放什么，都是女孩子用的东西。思思很是感动，这样一个粗犷的男人，却对她这样细心。即便是婚后多年，仍然一如既往，在乎她的心情，在乎她的口味，在乎她的喜好，所以两人的感情也越来越好。

我想，只有真正爱一个人，才会那么在乎她身上的细节吧。所以，在生活中，对你的观察细致入微，对你的照顾细致入微，对你的心情也细致入微的男人，一定是真的爱你。这样的人会察觉到你身体的不适、情绪的起落，感受到你对他的满意与不满意，把你的想法放到最重要的位置。

我们一生可能不止一段恋情，我们也会把前任和现任拿来比较。可是，我们会发现，那些值得拿出来比较的，都是一些很小的却细致得让女孩子感动的情节。你看，我们总是可以从细节看出一个人爱不爱你，有多爱你，这样一个法则古今中外无一例外地适用，而且屡试不爽。所以，很多人的爱情，不是输给了时间，也不是输给了空间，更不是输给了身高、年龄、经济条件，而是像人们常说的，细节打败爱情。

2

前几年有句话很流行：宁愿坐在宝马车里哭，也不愿坐在自行车上笑。

我想，女人跟不跟这个男人，大概跟坐在哪里哭关系不大，有关系的是坐车的心情。如果同样是哭，那女人肯定是选择坐在宝马的软座上优雅地伤心，而不是坐在自行车硬硬的后座上被围观地哭，那种昭告天下的悲伤，谁也不想要。如果真的可以选择，大概我们都会选择和爱的人在一起开心地笑吧。听过这样一个故事：男人和女人吵架，战况愈演愈烈。气极的男人摔门而去，钥匙也没带，走之前愤愤地说："谁回来谁是孙子！"留下女人一个人在家里生闷气，发誓他回来也不开门。过了一个小时，门铃响了，女人不理会。门铃再响，女人听到男人在门外大喊："奶奶，我回来了！"女人被逗乐了，赶紧去开门。门一打开，女人看到男人手里捧着她最爱的草莓蛋糕……

还听过一个版本，也是两夫妻吵架，妻子愤愤地去菜市场说要买刀回来砍丈夫，结果回来的时候，手里拎着的都是丈夫爱吃的菜。听上去有些夸张，但是表面生气内心却一直为你撑着伞的人，才是我们要共度一生的伴侣。看上去怒气冲冲不共戴天的两个人，关键的时候还是想着对方，从细节上就可以看出来。

我有个朋友，有一次因为一些特殊原因，老公扯了一个善意的谎言。后来被她发现了，她特别伤心，觉得老公都开始对她说谎了，太不信任她了。就跟老公冷战，赌气不搭理他，让他睡沙发。恰逢她老公生病了，虽然她生老公的气，可是半夜还是偷偷地去给老公量温度，摸他的额头，还给他的水杯续满水。瞧，即便生活中有矛盾，细节还是准确地反映出爱情的质量。

我们总是对爱人说"我爱你"，可是，我爱你绝不仅仅是简单的三个字，拿什么去爱，如何去爱，爱到什么程度，这都是问题。说到底，生活是由一点一滴的小事堆积起来的，只有从生活的小细节入手，细致入微地照顾对方，体谅对方，帮助对方，感情才能愈加深厚，爱情才能保鲜。

轰轰烈烈是爱情的一个阶段，但绝不可能成为爱情的主题，更不会为爱情保驾护航。只有细致入微，让生活充满浓浓的关切和照顾，爱情才有可能走到最后，开花结果。

3

宝宝1岁了，可是芳芳却越来越不开心，她觉得老公不爱自己了。

每天一到家就跟打仗似的，吃饭、洗漱、哄孩子。有时候孩子睡了以后，还要打开电脑处理一些公司里的急事。周末也是都奉献给孩子了，根本没有时间单独和老公在一起，老公体谅婆婆带孩子辛苦，周末也不和芳芳单独出去。两个人已经完全没有了二人世界。

有时候芳芳跟老公暗示这个周末是否去看电影，老公也是顾左右而言他。芳芳明白老公是想多分担带孩子的辛苦，再加上老公工作忙，周末不想出去她也理解。只是时间久了，每天的生活一成不变，再也没有从前说悄悄话的甜蜜，也没有轧马路的心跳与惬意，甚至连夫妻生活，都是根据孩子入睡早晚来决定，可以说变得屈指可数。芳芳觉得都是为了孩子好像也挺正常的，但又觉得似乎哪里不太对，可是又不知道问题出在哪儿，她变得沉默寡言，脸色也失去了从前的流光溢彩。

我们经常听人说婚姻是爱情的坟墓，却不知道为什么。只有真正经历了婚姻，才知道这句话的含义和原因。年轻的时候我们爱情至上，觉得没有爱就活不下去，我们爱得要死要活，惊天动地，觉得每一天都是新的，那个爱的人就是太阳，是我们呼吸的氧气，生活快乐得不得了，爱情也甜蜜鲜活。

后来，我们跟所爱的人走进了婚姻，花前月下被柴米油盐所包裹。我们就觉得爱情好像慢慢枯萎了，直到有了孩子，如果我们没有适应好父母角色的转变，我们甚至觉得爱情死掉了，对方不在乎自己了。其实并非如此，爱情和花草一样，需要浇灌才能保持活力和鲜亮。可是婚姻中的琐事慢慢磨灭了我们对爱情的初衷和认识，渐渐地我们放弃了，婚姻变成了爱情的坟墓。

经常有人说要让爱情保鲜，但是让爱情保鲜就要做点什么。可这绝不是指哪一天，也不是指哪一件事情，而是在婚姻的漫长岁月中，把对彼此的爱融入生活的细节里。有人每天起床后都要帮伴侣挤好牙膏，有人每天出门前和到家后都要与爱人深情拥抱，也有人睡前总要跟心爱的人说一句"我爱你"或者"今天辛苦了"，更有人数十年如一日地帮老婆修剪指甲，更有人一辈子不许妻子下厨房，持之以恒地为她洗手做羹汤……

凡事贵在坚持，爱会成为一种习惯。对爱人细致入微地呵护，给予的是感人至深的温暖与在乎，找到一个人，为彼此做很多件小事，坚持不懈地做下去，爱情会永葆青春。

体贴就是恰到好处的语言和行为

1

美美是个柔弱的姑娘，打小身体就不好，稍微累点就头昏脑涨，身体酸痛，所以母亲一直非常细心地照顾她，只是发愁以后该怎么办。

后来美美恋爱了，也是同一个地方的男孩子。出乎意料，这男孩儿竟非常体贴她，从不让她进厨房做饭，因为他知道美美呼吸系统不太好，一受刺激就咳嗽，所以不舍得让美美被油烟熏到。两人外出旅游，每逢一段时间，男孩子都让美美坐下来休息会儿，体贴地问她累不累，还变戏法似的拿出美美喜欢的饮料和零食，让美美开心又舒心。不只是恋爱时期，两个人结婚多年后，男孩子依然如此照顾她。

婆婆来帮美美带孩子后，婆媳俩因为照顾孩子的事情会有些许矛盾，男孩子都坚决地站在美美这边。时间久了，老太太看儿子如此在乎媳妇，也就作罢，以后带孩子都尽量按媳妇的理念来，慢慢地，婆媳关系越来越和谐。美美爱吃韭菜鸡蛋饺子，婆婆有空的时候，经常包一些放在冰箱里，这样美美想吃的时候，就可以随时煮来享用。

美美从小被母亲捧在手心里，缝缝补补的活儿从来不会。每当她扣子掉了或者衣服开线，都是男孩子帮她缝补，婚后依然如此。美美是个粗心的人，经常不知道自己口袋里有没有钱，男孩子经常定时查看她的钱包，给她塞钱。美美的生活在他的照顾下非常顺心。

美美也是个善解人意的女孩子，和男孩儿结婚的时候，考虑到男方的家庭状况，和父母商量后免去了彩礼，只要结婚典礼隆重就好。男孩儿对海鲜过敏，美美也很少吃海鲜了，用餐上尽量以老公身体为重。老公经常出差，每次出差归来前，美美都将老公使用的被褥清洗晾晒，让老公回来可以睡一个美美的觉。美美下班比老公早，她都会提前帮老公准备一杯水，他回来的时候刚好水温适中，可以饮用。

我们没有恋爱的时候，在我们想象当中的理想伴侣，都会有"体贴"的特质。特别是女孩子，都希望将来可以嫁一个"暖男"，而暖男的必杀技就是"体贴"。这是女人最需要的东西，在合适的时候给予体贴，女人就能感受到男人的爱。

男人多是不善言辞，很多女人会抱怨老公不会浪漫，不会讲好听的话，其实我们不需要看他怎么说，关键要看他怎么做。一个满嘴甜言蜜语的男人，关键的时候若不能为你真正做些什么实际的事情，也是徒劳，并非良配。

2

《甄嬛传》是收视率很高的一部宫斗剧，剧情跌宕起伏，看得观众甚是过瘾。而甄嬛与果郡王的爱情，也是剧情精彩而又关键的转折点。

果郡王对甄嬛自是非常痴情，说是感天动地也不为过，其中有一段甄嬛在甘露寺修行被人陷害撵去缥缈峰。甄嬛本就在生病，大雪天里迁徙更是雪上加霜，发起了高烧。幸遇果郡王搭救到清凉台养病，可是高烧不退，连温实初一时都束手无策。看到甄嬛高烧不退的危状，果郡王心急如焚。为了让甄嬛的体温尽快降下来，堂堂果郡王竟然穿着非常单薄的衣服，大雪天躺在雪地里，直到冻得浑身冰冷，再跑回屋中，用自己冰凉的身体包裹住甄嬛滚烫的身体以帮助她降温。当他身体热起来之后，又跑到雪地里受冻，如此反反复复，甄嬛的烧终于退了，可以说是捡回了一条命。然而果郡王却因此寒气入体，落下了病根，从此病魔缠身。

这个情节显然是因剧情需要而设计，在现实生活中恐怕也不可能存在。但果郡王对甄嬛的爱让我们见识了什么是真正的痴情，他出于对甄嬛的爱所做出的举动在我们看来真的是傻到底，也呆透了，可这反而是对所爱之人爱得真心真意的表现。现在医疗条件发达了，降温的方法有多种，不需要谁去躺在雪地里受冻，可是即便在爱人生病的时候，另外一半又有多少能够寸步不离地照顾？更别提日常生活中能够照顾爱人，体贴爱人了。

女人一般是比较细致的，一旦爱上一个人，日常生活中必定无微不至，心存欢喜地为他做这做那，若是他生病了，那真是既担忧，又心疼。女人天生是情感动物，特别渴望得到关怀和照顾。男人也是一样，如果双方都能够在彼此需要自己的时候，关怀对方，体贴对方，他累的时候给他揉揉肩，天冷的时候互相提醒着加衣服，下雨的时候提醒带伞，默默记住对方喜欢吃的东西以及一切重要的节日，你疼惜我，我也珍惜你，相信另一方一定能够感受到这实实在在的体贴和关心，让爱情之树常青。

3

心语来自农村，家里兄弟姐妹众多，作为老大的心语，特别能理解父母养大他们的不容易。所以她非常的体贴，是父母的贴心小棉袄。

弟弟们结婚早，侄子侄女们相继出世。由于弟媳妇要上班，爸爸也要赚钱养家，照顾孙子孙女的重担就落在妈妈身上，但是妈妈年轻时干活很拼命，以至于早早就累坏了身体，腰肌劳损严重，椎骨变形，所以照顾孩子格外费力。心语看着妈妈这样于心不忍，可是又无能为力，再说，妈妈也喜欢和孙子孙女们在一起。

每到放假的时候，比如国庆节什么的，心语都会想尽办法回家，帮妈妈照顾侄子侄女们。虽说只有几天，但是可以减轻妈妈的负担，让妈妈休息一下。弟弟家里家境不是特别好，心语走的时候就放一些现金给妈妈，妈妈不肯收，心语就说给侄子侄女买东西用的，让妈妈放好。这样可以在养育孩子上帮忙分担一下弟弟的压力，又不会让弟弟有心理负担。过年的时候，心语也会尽量多发点压岁钱，默默地为弟弟们做点事情，让爸爸妈妈也欣慰。

即便是亲戚，帮忙也要把握好分寸。帮得太明显，会让人家有心理负担，所以如何帮，何时帮，都需要恰到好处。像心语这样利用特别的时间特别的办法帮助弟弟分担经济压力，也帮助父母照顾好一大家子，是非常体贴的行为。凡事过犹不及，无论亲戚还是恋人，在关怀对方的时候，都要有分寸。太过明显的周到，会让人喘不过气来，而太疏离，又不能巩固感情。只有恰到好处的体贴和真挚的心，才能打动别人，增进感情。

陪伴是最长情的告白

1

"他也许不会带我去坐游艇、吃法餐，但是他可以每天早晨都为我跑几条街，去买我最爱吃的豆浆、油条。"这是电影《北京遇上西雅图》里的一句话。

"拜金女"文佳佳未婚先孕，怀了已婚男人的孩子。由于在国内无法拿到准生证，她远涉重洋，孤身一人来到西雅图的月子中心待产。文佳佳性格刁蛮、喜欢炫富、不懂礼貌，月子中心的人都不喜欢她，所以她刚到的时候接机的弗兰克成为她唯一的朋友，她经常和他倾诉心声，弗兰克体贴包容，为人善良，这些慢慢改变了文佳佳，让她不再刁蛮任性，月子中心的人也慢慢成为她的朋友。

突然有一天，文佳佳的银行卡被冻结，情人老钟也杳无音信。文佳佳一夜之间变成了穷人，生活没有保障，这段时间弗兰克给了她无微不至的照顾和关心。弗兰克有个女儿，文佳佳和她相处得也很好，她感受到了家一样的温暖，在不知不觉间爱上了弗兰克。孩子出生后，老钟突然出现，他离婚了，派人接走了文佳佳和孩子，并和文佳佳结婚。文佳佳似乎过上了自己一直想要的衣食无忧的日子，坐豪车、住豪宅，在家里处处有人伺候，逛商场有永远也花不完的钱。可是她却常常想念弗兰克，想念弗兰克给她煮的饭菜，想念弗兰克陪伴她和儿子，照顾她的生活和心情，而老钟，很少回家，偌大的空荡荡的别墅里，只有文佳佳经常孤身地走来走去，打电话给老钟，永远是很久才有人接听，永远是在应酬。孤单的文佳佳坐在洗手池旁，浑身发冷，原来这并不是她想要的生活，她想要的，是那个时时陪伴自己的人。最终，文佳佳选择了分手，两年后再次和弗兰克走在一起。

陪伴是最长情的告白，豪车别墅再漂亮，也是冷的，比不上恋人的怀抱和手臂温暖。现在很多人为了生活加班、奔波，加班加到夫妻两个同处一室却一星期没见面，加班加到孩子生病在医院都顾不上去看一眼，更有甚者，因为工作忙父母的葬礼都无法参加。大家都会说现在社会竞争太残酷了，情情爱爱吃不饱饭，那么拼命工作还不是为了丰富家庭的物质基础。是的，工作最终还是为了家庭。可是，家庭里需要的不是钱，很多没有钱的家庭，夫妻两个依然和睦，妻子坐在自行车后座上都笑得很开心，因为她知道，骑车的男人，承载了她的爱恋和温暖。由于工作而忽视另一半，忽视家庭，是喧宾夺主，最终会伤了另一半的心。

2

快过年了，小江兴奋莫名。为了省钱，他两年没回家了，今年一定要回去看看父母。可是回家的票太抢手了，无论是火车票，还是汽车票，都是一票难求。小江一咬牙，买了一张飞机票，价值3000多元。

平时节省惯了的父母，一听飞机票那么贵，把小江骂了一顿，非要让儿子退票。小江说："爸爸，妈妈，钱可以再挣，但是团圆的机会一年就那么一次。儿子想陪你们好好吃顿年夜饭，一起去看爷爷奶奶。"父母亲听了沉默良久。

有没有感觉很像我们自己呢？爸妈生日了，回去的车票太贵，发个红包；中秋了，要加班，买盒月饼寄回去；父母生病了，请不到假，打个电话回去问候，或者打点儿钱……日子一天天过去，父母一天天老去，你说等你有钱了，就回去看望父母，等你有钱了，就带父母出去旅游，可是，树欲静而风不止，子欲养而亲不待，等真的到了那一天，你会发觉父母已经老得走不动，甚至，父母已经不在了。

我的母亲就是这样，心疼我长途奔波，即便她生病住院，也让我不要回去，更不让我给她打钱。可是我依然坚持要回去探望，侍奉床前。古人云："父母在，不远游。"可是，随着现代生产方式的变迁，越来越多的年轻人离开家乡到外地打拼已经是不可阻挡的趋势，也有很多的人在就业城市扎根。而我们能做的，就是在节假日的时候，尽量回去探望，回去陪伴。父母嘴上说着不让你奔波，可是见到你的时候，他们是笑得那样开心而满足。

每次春节回去，母亲都忙前忙后，笑容满面，父亲也会准备很多我们爱吃的东西，开心地一起聊天。家里欢声笑语，其乐融融。所谓天伦之乐，真正是大快乐、大自在。而每次离家的时候，就发现母亲偷偷地抹眼泪，父亲默默准备许多我们喜爱的吃食，塞进我们的包裹里。天下父母，没有不想让孩子承欢膝下的，只是父母总是为子女着想，不想成为子女的绊脚石。我们千万不要误会了父母的心情，他们只是想让我们自由地在外面飞，当我们飞累了，他们就是我们可以栖息的地方。

你陪我长大，我陪你变老。多么美的告白！我们应该像父母耐心教我们牙牙学语时去包容父母年纪大了总是听不到你说话，像我们蹒跚学步时父母牵住我们的手那样扶住父母不稳的身躯，像我们幼年生病时父母不眠不休那样侍奉父母不再强健的身体。多些陪伴，少些遗憾，如果你爱他们，就有时间多陪陪他们，让父母心情愉悦，快乐祥和。

现在开始，一切都不迟！

3

叶子有两个孩子，一男一女，甚是可爱。叶子夫妻两个在外地打工，因为没有钱买房子，孩子一直放在老家让爷爷奶奶带着。

每到夜深人静的时候，叶子就想孩子想得心痛，只要逢假期，叶子就迫不及待回去看孩子。而每次离家，看着孩子渴求的眼睛，叶子都心酸不已。她发誓一定要好好干，将来把孩子带在身边。

我们周围也有一些孩子跟在父母身边，可是每当下班了或者是周末，这些父母表面上陪着孩子，其实一直在刷手机，孩子在做什么，或者孩子走开了，根本不知道。这是无效陪伴，孩子需要的不仅仅是父母在身边就好，而是希望和父母有沟通、有互动，多多拥抱。经常和父母互动密切的孩子，安全感、情商和爱人的能力都会提升。

我自己也是，和小孩在一起的时候常常因为工作或私人的事情看手机。孩子经常摇着我说："妈妈，妈妈，不要看手机了，和我一起玩儿吧，这个可好玩了！"或者孩子会说："妈妈，看手机对眼睛不好。"虽然这只是小孩对于不想让妈妈看手机的托词，可是这明显反映出孩子对于陪伴的要求和关注。

我们都说自己爱孩子，拼命工作赚取更多的钱来保证孩子的吃穿用度，以至于和孩子在一起的时候屈指可数。只是我们都没有想过，我们给孩子的爱是他们想要的吗？孩子是最单纯的，他们想要的，只是父母陪在身边，只要他们想，他们可以看着你甜甜地叫一声"爸爸妈妈"。

　　每个孩子将来都会离开父母独自远行，如果我们无法保护自己的孩子远离痛苦、挫折和伤害，最好的选择就是在所有可能的情况下全心全意地陪伴他们，一起去经历他们成长的过程。孩子们都需要父母的陪伴，高兴时分享彼此的快乐，悲伤时抱他们在怀里，为他们擦去泪花。其实，我们生来并不就是父母，我们也在学习如何去做合格的父母，那么，陪伴孩子成长的过程，也是我们自己成长的过程。学会去感谢你的孩子吧，是他们让你认识到自己的不足和潜力，让你成长！

与爱的人温柔相处

1

经过 36 个小时的阵痛，依依终于平安产下了宝宝。她一出产房，老公就赶忙把她安置好，被角掖好。还轻柔地问她哪儿不舒服，想不想喝水，十分紧张。

依依产后虚弱，老公担心她体力不支，吃喝都亲自照顾。帮她洗脚也是轻轻地扶她起来，以免牵动伤口，洗完再轻轻扶她躺下。换卫生棉也是亲力亲为，还跟着她上厕所。即便卫生间里味道很大，他也要一直守着，担心依依晕倒。孩子夜半啼哭，他也是尽量少让依依操心，真正温柔之至。想起有已婚的姐们儿说，老公不似恋爱的时候对她那般温柔、主动和细致了，大家都说是因为成长了，男人是要做事业的，不会一直沉溺于儿女情长。但是，真正的成长，应该是越来越有责任心，能够认识到婚姻和爱人对于自己的重要意义，对岁月温柔，对爱人温柔，对子女温柔。即便是对陌生人，也能够报以温柔而善意的帮助。

想要一个人发脾气太简单了，但是能够坚持天长日久以温柔的态度对待身边的人却很难。能温柔一时可以，要温柔一世就需要修炼和成长。

要看一个男人是否温柔，首先要看他日常生活中如何对待自己的妻子。

自从恋爱后，依依的脚指甲都是由老公来修剪，他总是细心地准备好指甲剪盒，将依依的脚轻柔地放在自己的腿上，小心而认真地给依依修剪，而依依总是惬意地躺着玩手机或者看书，即便是婚后多年，两人依然如此。有一次依依回老家，和老公暂时分开，脚指甲长了，依依就自己随意剪了。可是，也许是修剪不妥，依依得了甲沟炎，老公得知后，责令她以后绝对不要自己剪了，都交给他来做。

依依是个十指不沾阳春水的女孩子，恋爱的时候就是老公学做饭的。依依不喜欢厨房，老公就不让她煮饭，也不让她去菜市场。偶尔跟着去，两个人也是手拉手，根本就是去散步的。老公一手拎着依依爱吃的菜，一手拉着依依娇嫩的手。两个人时而低语，时而相视一笑，仿佛这世间的柴米油盐于他们而言，也是风花雪月的缩小版。依依每每望向丈夫的时候，都面容欣喜，眼神含笑。想必是因为被老公温柔相待，才会把幸福和满足都写在了脸上吧。

一个男人真正的温柔，就是无论顺境还是逆境，无论婚前还是婚后，都能把妻子当作女儿一样疼爱和照顾。他会帮妻子吹头发，会在儿童节给妻子买她喜欢的零食和发夹，会牵着妻子的手过马路，会在艰难的时候将碗里的肉挑给妻子，更会包容妻子的坏脾气……

你用真心陪我一无所有，我用温柔宠你大长地久。

2

《虎妈猫爸》里茜茜的爷爷罗三省在年轻的时候下乡和一个张姓女子相识、相知，因为政策原因罗三省先一步回城，后来知青一批批回城，他却没有见到自己喜欢的女子。罗三省去下乡的地方寻她，却看到她大腹便便，已经婚配。他便失落回城，也按部就班地结婚、生子。一次偶然的机会，罗三省和初恋有了联系，初恋身患重病，他虽然也有自己的家庭，却在自己能力范围内施以援手。在得到茜茜奶奶的谅解和支持之后，还把初恋接来北京去大医院看病，可是已经来不及了，初恋不久之后还是离世了。

他的儿子罗素曾经问他和张阿姨是什么样的情感，他回答说：你要说我不怀念当年呢，那是假话。但是怀念的应该是当年的青春岁月。当年我们在一起，有哭有笑的日子，但那不是爱情，是一种经历。

我想，罗三省是一个真正温柔的人，无论过去多少年，无论曾经爱过的人是否在自己身边，他都不曾忘记她，他有家庭的责任感，妻子是他一直相守的爱人，而曾经爱过的人，他仍然真诚而坦然地帮助。试问现在有多少男人，一旦有了新欢，别说去帮助前任，就算前任怀着自己的孩子，也是忙不迭地逃。当然这并不是让大家去和前任保持联系，而是在某些特殊情况下，我们应当承担起应该承担的责任。

我想很多女孩子都有过这样的经历，情窦初开的时候喜欢那种酷酷的、坏坏的男生，等真正谈过几次恋爱，受过一些伤，见过一些事，就会越来越喜欢那种暖暖的男生。这样的男生温和、善良，不忍伤害他人，也不会伤害自己的家人。

晓晓是个脾气暴躁的女孩子，一生气就口不择言，说话特别不好听。而她的老公，这个温和的男人，无论任何时候，都不会说伤害她的话。有人说吵架本身并不是伤害感情的主要因素，真正伤害感情的是吵架的时候你说出的那些伤人的话，也许暴怒的时候那些话不是你的初衷，可是一旦出口，这些恶言就像是一把把利剑，戳伤了爱人的心。

对你爱的人，即便盛怒，也不要口出恶言，很多的不满，可以换一种方式来表达，也许效果更好呢？对爱人温柔相待，爱人也会回以温柔。

3

欣欣结婚之后和婆婆一起住，刚开始难免有一些小矛盾。在经过了一段时间的磨合之后，欣欣都是耐心地和婆婆沟通、讲道理，效果也还不错。她想起自己在娘家的时候，稍有不顺就冲父母发火，觉得愧疚极了！

我们都会有这样一种经历，跟谁都可以好好说话，即便脾性不相投，我们也能维持表面上的礼貌。但是，跟父母说话，心情不好的时候总是会大喊大叫，过后当然很后悔，可是下一次呢？又故技重施。我想，我们之所以这样屡教不改，不过是仗着父母的疼爱。

和爱的人吵架，和陌生人讲心里话。这句大家都知道的名言，却道出了目前很多亲人、爱人之间关系的实质情况。很多时候，我们和亲人、爱人吵架只是想让他们更多地关注我们，可是也不知道什么原因，我们心里想着让对方关注自己的需求，一开口却如点火一般，开始吵架。我们经常在虚拟世界里和陌生人分享自己的苦恼和生活的不顺，事实上，既然我们和陌生人都可以讲心里话，为什么不把这些话讲给亲近的人听呢？

既然亲人可以无限制地宽容我们，包容我们的坏脾气，那为什么我们不把最温柔的爱，回馈给他们呢？

和爱的人温柔相处，从现在开始，一切都不晚。

仪式感，是给孩子的高级教养

1

每个小孩子都喜欢过节，我之前也是一样，尤其是过年。那时候家境困难，平时难得吃肉，但春节期间，每天都有很多零食，还能天天吃肉。最重要的是，还能添置新衣。初一一大早醒来，我的枕头旁会有一套新衣和父母给的红包，那种感觉真的是幸福到天边，觉得生活太美好了！

如今经济条件改善，也常添置新衣，但那种期待的欣喜的心情却没有了，因为少了仪式感，童年时代那难忘的春节回忆也再不会有了。

和大人相比，孩子对于生活中的仪式感期待会更强。我想，是因为小孩子心智单纯，对于生活中的节日和仪式充满着美好的想象与探索欲。小孩子心性，也许节日还没到，就在心里算日子了。

小孩子长大之后，他会忘记很小的时候都经历过什么。可是对于生日和春节，他一定会记得父母是陪他怎样度过的。我对自己的童年时代也没有多少印象，可是妈妈给我滚鸡蛋去灾星的生日记忆却鲜明如昨，那种幸福感在我成长的过程中一直伴随着我，强化着我对那个时刻的幸福记忆。一个内心一直充满幸福的人，一定也知道如何去爱他人，去爱自己的孩子，去传递幸福。

我如今也有了自己的孩子，每当孩子生日的时候，我也会把妈妈帮我过生日的仪式给孩子做一遍，同时给孩子现代感的生日仪式，拍下他吹蜡烛的瞬间。不仅如此，孩子的满月、抬头练习、周岁、蹒跚走路等，我们都会帮他留下记录，刻录成光盘存进电脑和电视里，可以打开观看。等他长大了，我们会把这些作为礼物送给他，让他知道童年时候的自己是怎样的。由于经济条件和其他条件的限制，13岁前的我是怎样的，我竟毫无印象，也没有照片和视频资料，这真是一个遗憾。

每天起床后和入睡前，都要跟孩子说"早安"和"晚安"，时间久了，孩子也会主动跟父母问候。睡前和起床后拥抱孩子，虽然只是简简单单的小仪式，却能让孩子和父母都感受到亲情的温暖，感受到双方的爱，这样不仅能让孩子获取足够的安全感，身心健康地成长，还能让我们的每一天，因为这些细微的温暖的小仪式，变得美好而不同。

相信在一个有仪式感的家庭里长大的孩子，自我认同感和幸福感都会更强，对父母和家庭的归属感也会更强。当孩子经历青春期和叛逆期的时候，父母和孩子沟通受到的阻碍也会降低，彼此交流的欲望会更强，从而能够避免叛逆期不必要的伤害与隔阂。

2

在我们家乡，春节的时候未成年人可以拿到爷爷奶奶、叔叔伯伯等长辈的红包，这个被我们称为"压岁钱"。压岁钱有多有少，表达的是长辈们希望孩子健康成长的愿望。

除夕之前，每个人是要沐浴的。说到沐浴，大家可能觉得可笑，现在家里随时都可以沐浴。可是在我的家乡，20多年前经济条件很差，沐浴是要去街上的澡堂的。在自己家里，夏天的时候，是用大盆盛满水，白天用太阳晒热，晚上洗澡温度很合适。冬天就不行了，气温很低，地锅烧水，连柴火都不够，而且耗时较长，再加上家里没有空调等保暖设施，在家里洗澡非常容易感冒。特别是人口较多的人家，更是没有办法在家里沐浴，所以基本上就是去澡堂，而且一两个月可能才有一次机会。甚至是现在，寒冬的时候大家都会选择去澡堂。

春节前沐浴，是我们家乡过年的郑重仪式，新年新气象，清洁身体，更换新衣预示着来年的好兆头。

初一早晨，我们要先去爷爷奶奶家拜年。爷爷奶奶端坐正堂，所有的子孙都按辈分排好，双膝跪地，给爷爷奶奶磕头，说"过年好"。起身后，孙子辈再向叔伯一辈行跪拜礼，然后就是发红包了。不知道怎的，这个磕头仪式现在慢慢消失了，长辈们都说免了，直接就发红包，感觉不像之前那么郑重有趣了。

即便如此，孩子们对于压岁钱的热情还是有增无减。得来的压岁钱，大部分的孩子都是交给父母保管，这也是一个去处。不过现在一些家长的做法我是很赞赏的，他们会领着自己的孩子到银行开一个账户，把压岁钱悉数存在里面，告诉孩子他们自己有多少存款，将来可以用来做什么。我觉得这可以说是一个理财的启蒙仪式，孩子们毕竟还小，对于钱财可以拿来做什么，没有什么规划，若是家长听之任之，这些钱多半会被拿来买零食和玩具，而且很快就会花光，对孩子的成长没有什么帮助。

而帮助孩子建立银行账户，一方面可以让孩子意识到他们是独立的个体，以后要学会为自己的人生做主，另一方面，也让孩子们明白，只有做好规划，钱才能发挥真正的作用，而不是奢侈浪费，这样可以让他们有最初的理财意识启蒙。

有时候就是家长这样一个小小的举动，却会带来意想不到的变化，让一个不知钱为何物的孩子，建立起个人规划观念。相信在他今后的成长道路上，也会养成事事规划、未雨绸缪的好习惯。

3

圣诞节是孩子们都喜欢的节日，我的孩子也不例外。

每到圣诞节，我们就会采购圣诞树和一些小饰品，带着孩子一起进行装饰。每到装饰完毕，孩子就会高兴地跳起来：圣诞节来喽！

我还会给孩子准备一只大的袜子，放在孩子的床头，让他爸爸穿上圣诞老人的衣服，等孩子入睡后将礼物放进袜子里。然后拍一张孩子爸爸的背影，告诉他圣诞老人昨晚来给他送礼物了。

孩子每次打开礼物都非常高兴，尤其是看到圣诞老人的照片，他的脸上露出新奇的表情，一整天都很愉快。

有一个心理学家说，仪式感关乎我们对生活的热爱、对幸福的敏感和体察，对于孩子来说更是如此。可能是某一个日子的固定的操作和游戏，也可能是对某种规则的遵守，或者家中有时会出现的一些新变化，也可能是孩子生日时买的新衣服，都能让容易满足的宝贝儿狂喜不已。虽然圣诞节的仪式并不复杂，甚至连圣诞老人都只是一个美好的设想，但能让孩子有一个特别的兴奋点和美好的童年回忆，还能留下孩子们对这些特殊时刻的幸福体验。如果有父母的陪伴，他一定会更加开心和幸福。

这就是仪式感带给孩子的精神享受，虽然只是简单的形式，但是具有独特的幸福价值。这种仪式感还搭建了连接孩子的内心与外在世界的一座桥梁，让孩子主动去探索、去享受那些美好的东西。

与孩子一起，给客人最高的礼遇

1

今天是周末，念念邀请了自己的好闺密思思来家里聚餐。七点钟，念念就起床了。儿子小明揉着眼睛说："妈妈，你今天怎么不睡懒觉啊？"念念告诉孩子："今天请思思阿姨来家里吃饭，请客人来家里要做好准备，早起可以让自己有充分的时间来筹备，也能去菜市场买到最新鲜的菜给客人享用。"

小明一听来劲了，欢呼雀跃："我可想思思阿姨了，妈妈，我要跟你一起准备，让思思阿姨玩得开心点。"念念听了很欣慰，吃完早餐就叫上老公和孩子一起去了菜市场，他们精心选择了很多新鲜的肉类、鱼虾和蔬菜，足足花了一个半小时。

一到家，老公就去厨房开始张罗了。念念开始打扫房间，她将需要清洗的床单、衣服分门别类进行机洗或手洗，让小明扫地。小明扫得可认真了，他说不想客人看到家里乱糟糟的。他还帮助妈妈整理家里物品的摆放位置，用抹布擦桌椅，小小的身躯坚定而有力。很快，屋子里窗明几净，焕然一新。念念看着整洁的房间，开心地说："好孩子，思思阿姨看到家里这么干净，一定心情很好！请客人到家里，让家里整洁有序，是对客人最基本的尊重。"小明高兴地蹦起来。

小明一看时间，呀！都十点半了，思思阿姨就快要来了，厨房里爸爸煮的菜也快要出锅了。小明赶紧去拿桌布，和妈妈一起铺好，还帮爸爸摆好了碗筷。

念念说："小明，等下思思阿姨来了，你帮她开门，拿拖鞋好不好？"小明愉快地答应了，不但做得很好，还帮思思阿姨拿包，像个小绅士一样。就餐过程中，还帮客人夹菜，非常有礼貌。

父母在给孩子进行爱的教育的同时，也要进行尊重教育。教孩子尊重他人，礼遇客人。对他人能够以礼相待，自己也能获得别人的尊重和礼遇。尊重他人、礼遇他人的习惯可以提高孩子的人际交往能力，也能帮助孩子将来一步步顺利地踏入社会，获得朋友。

2

圆圆受邀带着孩子馨馨到同事小星家里做客，小星有个孩子叫琳琳，6岁了，和馨馨一样大。其实圆圆也到很多人家里做过客，可是像琳琳这样有礼貌、不娇气的孩子，她还是第一次见到。

圆圆刚坐下，琳琳就恭恭敬敬地奉上一杯茶，笑眯眯地说："阿姨请慢用。"圆圆喝了茶，还参观了小星的家，回到客厅，看到自己的孩子馨馨和琳琳在一起玩积木。馨馨性子急，搭积木一时不成功就急得脸通红，要发脾气的样子。琳琳柔和地说："别着急，你看，如果这样放，是不是好一点？"馨馨顿时脸蛋儿放松了不少。

圆圆好奇地问小星："咱们两个孩子年龄差不多，可是，琳琳却既懂事又稳重，你有什么秘密武器，分享一下呗。"小星笑了："哪有什么秘密武器，只不过从孩子小的时候，家里来客人，都让琳琳跟在身边，父母如何做，孩子耳濡目染，就会养成习惯。而且每次来客人之前，我们都会跟孩子交代注意事项。我们告诉孩子，如果你去别人家里做客，希望得到热情周到的招待，那么别人来家里做客，我们就要热情招待他人。"

没错，家长想要让孩子学会尊重他人，热情待客，就要以身作则，从自己开始。父母是孩子的第一任老师，言传身教尤为重要。习惯也不是一天养成的，只要做父母的坚持不懈，在日常的言行中注重礼仪，为孩子树立良好的榜样。孩子们就一定能够自律自觉，将礼遇他人变成自己的日常习惯。

3

云云的侄子皮皮今天来家里做客，他和自己的孩子豆豆年纪相仿，都才4岁。皮皮一来，就对豆豆的玩具产生了浓厚的兴趣，玩得开心极了！豆豆也很欢迎皮皮的到来，两个人一起玩玩具，相安无事。

可是有一只小恐龙是豆豆的最爱，皮皮也想玩，两个人争执不下，都有点想哭。云云问豆豆："你是不是担心皮皮拿走你的小恐龙？"豆豆点点头。云云说："皮皮并不是要拿走，他只是想玩一下，离开的时候他会还给你的。今天皮皮来家里做客，我知道你很开心。你们是好朋友，暂时给他玩一下好不好？"豆豆想了想，就答应了。他说："给你玩吧，等下要还我呀。"皮皮点点头，两个人又开心地一起玩了。

其实孩子在一起玩的时候争抢玩具是常有的事情，只不过有时候作为主人，我们会更多去照顾客人的感受。其实，给客人礼遇是没有错，但是要想办法引导孩子去主动、自愿把玩具分享给客人，而不是强制。因为小朋友从内心深处都有友好对待他人、多交朋友的需求，我们作为家长，就要根据小朋友的心态，让他去接受客人，并和客人分享。而且，在客人来之前，家长最好能够告诉孩子有什么样的客人到访，简要介绍一下要来的客人，让孩子有个心理准备，并和他约法三章，明确地告诉孩子如何接待客人。

等客人来的时候，要向客人郑重地介绍你的孩子，并找机会夸奖他，鼓励他去做事。这样孩子就能感受到自己被尊重、被关注。他会慢慢敞开心胸、学会去接纳，并积极地参与到其中。这样就能配合好家长，给客人更好的接待和礼遇了。

第六章

家的样子，就是
你的样子

用细节把生活扮成喜欢的模样

1

《如懿传》第20集，娴妃被陷害打入冷宫。临行前，宫女蕊心为她悉心装扮。蕊心说："主儿，进了冷宫，护甲就不戴了吧。"娴妃依旧一个一个地把护甲戴好，平静地说："虽然身在冷宫，也要活得体面。"落叶纷飞，娴妃大踏步地离开自己的延禧宫，当看到为她送行的纯妃、海兰等人，她脸上绽放出灿烂的笑容，虽然内心苦涩，但她仍然微笑着走进冷宫，不让关心她的人担心。

进入冷宫之后，娴妃还问守门侍卫要来凌霄花的种子栽植。同在冷宫的吉太嫔看到了，奚落她："被关在这里，还有心思种花？看来你和别人真的不一样。"娴妃笑着答复："等花开了我给您送过去。"吉太嫔说："这是冷宫，可不是你在后宫的院子。"娴妃笑容不改："就算在冷宫，也得活得体面些。"

冷宫清寒，人心凉薄，而娴妃却在这样一个清冷、荒芜的地方，种下娇艳的凌霄花。她身处逆境和危险中，仍然过着自己喜欢的生活，即使有限，她也能在她想要的时候，惬意地站在花枝下，微笑，期盼。

种花是她给自己单调的生活增加情趣的仪式，而这类具有仪式感的生活小事值得我们每个人去尝试、去学习。

现代人的生活节奏很快，早出晚归，脚不沾地已成为多数年轻人的常态。想一想，我们有多久没有平静下来，好好打量一下自己的生活？那些本该美好的节日、本应不平凡的瞬间，都在日复一日的忙碌和琐碎中销声匿迹，甚至你觉得麻木了，有与无都没有那么重要了。

我们慢慢忘记了生活应该是什么样的，只是冬去春来，一天天就这样过下去了。没有仪式感的生活，与生存无异。

小旭毕业后在大城市工作，她租了一个很小的房间，离公司很近，交通也方便。刚搬进去的时候，可以说是家徒四壁。墙皮脱落，地板也斑驳，跟贫民窟似的。小旭是个讲究的女孩儿，周末约上好友一起去逛街，说要买些小玩意儿装饰自己的房间。结果小旭买了地板纸、墙纸、好看的桌布，还买了一些彩纸、鲜花等。好友诧异："我还以为你就是简单装饰一下，你买这些根本就是小装修啊，只是租的房子，还不知道能住多久，别费那么多工夫了！"小旭笑了："房子是租来的，可我以及我的生活不是租来的呀，别叨叨了，快来帮我！"

小旭和好友一起花了一个下午的时间，终于完成了。墙上贴了暖色调的墙纸，看上去干净又清新。地板纸贴好之后，整个房间宛如刚刚装修好一样崭新。小旭手巧，还叠了很多纸鹤挂起来，五颜六色，煞是好看。小餐桌铺上可爱的碎花桌布，放上买来的鲜花，一股淡淡的花香弥漫了整个房间。感觉好极了！

好友累得躺在床上，欣喜地说："你别说，这样装点一下还真不一样，心情都好起来了，睡觉都睡得香。以后我得跟你多学学。"

家是一个人盛放心灵、疏散疲惫的地方，在小细节上多花点小心思，把房间装扮成自己喜欢的模样，能让我们保留一些生活的小情趣。即便贫穷，即便坎坷，生活也能在这些与众不同的小改变中充满希望，让我们去成为更好的自己。

2

秋濛家的房子很小，当初和老公也是倾尽全力、东拼西凑才付了这个房子的首付。卧室一大一小，卫生间和厨房偏小，只有客厅还算中等。秋濛在餐桌的角落处放置了一个竹质书架，只有 50 厘米宽，6 层。她在下三层摆放喜欢的书籍，上三层放置了红酒、酒杯以及一件看起来古色古香的唱片机。

说起这个唱片机，当初买的时候秋濛老公特别反对，他说想听歌电脑电视都可以，好好的买这样一个古董干吗，太占地方了！秋濛极力坚持才买下了。

那天是秋濛和老公的 5 周年结婚纪念日，一下班秋濛就急匆匆赶回家。她炒了几个拿手好菜、点了红蜡烛之后，就把唱片机打开了。在这古老而迷人的腔调里，她一边跟着轻哼，一边换上自己的迷人礼服，化了一个淡妆。接着，她开了一瓶红酒，一边品味红酒的醇香，一边等待老公回来。

老公一进家门，马上被红酒的醇香、饭菜的清香和优雅的曲调包围了。含情脉脉地吃了晚餐后，老公把手伸向秋濛："亲爱的，你今天真美，我可以请你跳支舞吗？"秋濛眼波流转，和老公相拥起舞，心情也跟随着唱片机的音符欢呼雀跃，仿若回到了少女时光。

生活犹如本来平静的湖面，你投入一颗小石子，它就会有所颤动，泛起涟漪，给你展示一圈圈美丽的波纹。若能常有所为，生活便如时钟一般，开启正能量循环，朝着越来越好的方向一直向前。就像年少时热恋的我们，即便在以后的岁月里，结婚生子，忙忙碌碌，有这些用心的小仪式装点，我们对彼此的爱意就会浓厚如昨，永不消逝。

3

过了30岁之后，如嫣就开始经常失眠。明明白天上班很累，眼皮子打架，可是躺在床上怎么也睡不着。好不容易入睡了，不是多梦，就是很容易被一些小声音吵醒，吵醒之后又翻来覆去难以入睡。这大概是很多过了而立之年的女人的状态，如嫣觉得非常苦恼，晚上睡不好，白天又没精神，时间久了，脸色都差了，免疫力也开始下降，什么感冒、咳嗽都来了。

如嫣想起之前总是抱怨没时间运动，晚上下班之后，累死了，不想去。早上呢，睡不醒，所以早上运动的方案也被否决。如今怎么也睡不着了，她想既然睁着眼躺在床上痛苦，不如起来跑跑步。她找出了许久不穿的运动装，一套粉色的，上身之后竟然有一种少女的活力感。

还不老嘛，她得意地想。她沿着小区里花草茂盛的小路先慢走了一会儿，身上热起来之后，她开始慢跑。早晨的太阳脸红红的，在带着露水的花枝的映衬下，显得羞答答的。时不时有鸟儿鸣叫，还能看到广场上精神矍铄的老人在打太极拳。如嫣开始冒汗了，竟通体舒畅，还挺舒服的。

慢慢地，她爱上了慢跑，可能是运动的原因，身体比之前强壮了许多，一些小病小痛出现的次数也少了。睡眠质量也在不知不觉间改变，作息也规律了。每天慢跑成了她开启新的一天的必备仪式。

仪式感是对生活的美化和尊重，有的人运动是为了减肥，有的人是为了塑形，而有的人是为了让新的一天能量满满。这种仪式感让人心情变好，减缓压力，更能让我们热情满满地去迎接新的生活。只是一个生活习惯的改变，竟能带来这么多的益处。

细节改变生活，在家里做一面照片墙，形状随自己而定；加班回家煮泡面，在里面放上两个鸡蛋和一些蔬菜；感兴趣的话，趁空闲时间学学插花或者茶艺；周末请朋友或同事来家里做客，生活总归是有办法不一样的，区别只在于是否从小处着手。改变细节，就能改变你的生活。

生活的品质取决于物品的品质

1

朋友的家是复式，一层到二层的楼梯墙上挂着几幅画，走上去感觉很有品质。可是公婆觉得画上的女人穿衣服太少，没法看，坚持取下来，由此引发了一些矛盾。

表面上是年龄差异和文化差异的一个反映，但事实上，这折射出不同的人的生活态度和品质。有的人平时餐桌上空空如也或者杂乱不堪，而有的人餐桌上总放置着一束鲜花或者一个小摆件。这些小物品可以为人带来幸福感，甚至有治愈的作用，让人更有归属感。

我的家里有一面挂钟，无论搬家多少次，这面挂钟始终跟随着我们。虽然我们都有手机，但是在家里的时候，要做什么计划，家人总是不约而同要去看挂钟的时间。同一家人，同一面挂钟，虽然每个人过着不同的生活，但是这面挂钟仿佛是一个感情的维系者，把我们一家人的心紧紧拴在一起。

我们还在挂钟上做一些装饰，比如镶上花边，或者围绕挂钟放上照片，看上去温馨又俏皮，每当抬头看时间，就能看到家人的笑容，心情随之愉悦。

不仅如此，我们家招待客人的水杯也非常漂亮，用的是呆萌款，让人看上去忍俊不禁。客人来到我家，我们会奉上一杯清茶，看到这样的水杯，客人都会很放松，丝毫不会觉得紧张。

你是不是追求生活的品位，从你日常所用的物品就可以看出。你的时尚和品位如何，看你的穿着；你的思想和深度如何，看你和别人的言谈以及你阅读的书籍；你是否精益求精，看你家里的陈设和用料；你是否爱干净，去你家环顾一周便知。

原来，你所穿所用的物品，早已在不知不觉间透露了你生活的品质，你意识到了吗？

2

梦溪毕业7年之后，终于和老公瑞强在大城市有了自己的一个小窝。都是上班族的两个人，除了上班下班一日三餐，回到家也是非常地疲惫了。为了回到家能够过得舒适有品质，梦溪可谓是绞尽脑汁。

她开始进行一系列的生活改造计划，瑞强就追在后面喊："媳妇儿，家里地方小，你可悠着点儿，别没有我下脚的地儿。"梦溪回他："不需要添置多少东西，也占不了多少空间，以提升咱们生活的便利性和品质性为主。"

首先，她买了一个衣帽架，这样回到家就可以把外套和帽子等今天不打算清洗的衣物挂上去，第二天出门取用也方便。她又在主卧室里添置了一个粗布榻榻米，周末的午后，窝着追剧看书，特别惬意。她还放了一套情侣茶具在床头柜上，这样两个人二人世界的时候聊聊天喝喝茶特别浪漫、亲密。

让瑞强大跌眼镜的是，梦溪在卫生间里放了一个"新宠"：湿厕纸。她说吃了辣椒之后上大厕用这个屁屁不会痛，而且擦起来舒服、除菌，极大地提升了如厕体验。瑞强试了一下，果真，如厕这件事比之前美好了许多。

当然，并不是说有钱添置什么物品才能有生活品质，如果是这样的话，那岂不是只有富人生活得有品质，穷人的生活没有任何品质了？

其实，生活品质并不是谁的专利，而是一种在有限的条件下，衡量自己的能力与条件、追求美好生活的精神。

为做一款美味的鱼头豆腐汤，到菜市场反复观察、比较，买到一块好的豆腐是追求生活品质；文员为了一张无懈可击的表格加班加点，反复校对，也是追求生活品质；而建筑工程师，为了一幢完美而结实的大楼反复修改设计方案，精益求精，更是追求生活的品质。

我们对追求生活品质最大的担忧，不是你是否有钱有资源，而是你能否在任何条件下，摆正心态，去认识和寻找生活中的品质，活得开心而坦然。

很多有钱人从头到脚都是名牌，名牌高级得我们甚至叫不出名字。我们羡慕有钱人，觉得有钱就能活得开心，活得有品质。所以我们也早出晚归，加班加点，努力考证、兼职，想要赚取更多的金钱，可是成功不能复制，别人成功所走的路不一定适合每一个人。到最后钱没有赚到，有的人熬坏了身体，有的人甚至误入歧途。

所以生活品质肯定不是与别人比较得来的，而是在自己的生活中去找到那些美好的东西，加以改造，珍惜自己的小确幸，坦然生活。

3

很多人衣柜里有堆积如山的各色各款的服装，每天随意拿出一件来穿，或者费尽心力扒拉半天，终于找出自己想穿的那一件。

莲莲就是这样，一个挺漂亮的小姑娘，漂亮衣服和包包也不少，但每次出门，都要花费很久的时间来打扮。原因其实很简单：东西放得太乱了！在妈妈的指点下，莲莲做了两件事情。

她把买回来就没穿过或者没穿几次的衣服全部整理到一个收纳箱里，分享给了自己的闺密们，有喜欢的直接送，没人挑的直接丢弃。然后，她按柜子的空间布置，分门别类放置自己的各类衣服，裤子和外套、裙子一律用衣架悬挂，看上去一目了然，想穿哪件都能迅速拿到，贴身衣服用抽屉按序排放。包包单独放到一个柜子里。

从那之后，莲莲出门的速度明显比之前快了很多。不仅如此，这次事情之后，她还尝到了经常整理的好处，时不时地就断舍离一番。工作上也养成了分类和排序的好习惯，办事效率明显提升。

不仅仅是添置物品，舍弃和整理物品也能提高生活的品质，不再为物品所累，学会正视自己、取悦自己，我们才能够活得更加轻松和自如。

洁净，是生活的基本仪式

1

大家都说青梅是个有洁癖的姑娘。每次外出归来都要洗手，如果是外出购物，回来洗手的时候还要打肥皂，抱孩子之前要打三遍肥皂。她不愿意别人触碰自己的睡眠用具，而且三天就要更换一遍。睡前如果看了手机，就要洗手洗脸才能入眠。家具和门窗每周都要用杀菌洗液擦洗，卫生间更是每日打扫，马桶早晚各刷一遍。如果不做这些，她就浑身难受，总是不自在。

我们应该都遇到过有洁癖的人，多数情况下我们觉得这些人太过较真，生活得很累。相对地，有洁癖的人大概也不能忍受我们对待生活的粗糙和随意。其实，每个人都有自己的活法，对于干净，你有你的标准，我有我的标准。有的人每天必打扫擦洗，每日窗明几净。有的人衣服随意丢，吃过的泡面盒子、零食袋子随意地堆在桌上他也丝毫不觉得有什么不妥当。

不过我相信每个人都会有心血来潮想要大扫除的时候，这就在一定程度上反映出我们对于生活环境的洁净还是有要求的。

小时候住在农村，在我的印象中，是土路土墙土田地，房子里也是家徒四壁，没有那么多柜子桌子，东西都是随地丢，家家户户如此。碰到下雨天，更是到处都是泥巴，和动物粪便混在一起，脏得不行。不过有一次去外乡的同学家做客，一进她家院落，我就惊呆了。院子里铺满了青砖，干净又雅致，许是经常护理打扫，竟没有多少尘土。这种青砖路下雨的时候也好走，而且不打滑。院子的一角种了一些蔬菜，还有黄瓜架，充满生活趣味。几棵大槐树郁郁葱葱，阳光从树影间投射过来，洒在青砖路上，斑斑点点，煞是有趣。

房间里是水泥地，家具并不多，但是很精致，看得出来应该是请好的木匠到家里来打制的。特别是正堂的条柜，柜门和抽屉比较多，可以分门别类装不少东西。卧室里被褥叠放得十分整齐，同学说她的母亲是一个很讲究的人，只要天气合适，被褥都会定期晾晒、换洗，睡觉的时候总有一股太阳的味道，睡得很香甜。

我个人非常认同这种对待生活的态度，喜欢整齐摆放物品也好，定期晾晒被褥也罢，这是对生活的某一个部分有所要求的仪式。把生活的地方打扫干净，这是洁净仪式。收拾得干净整齐的房间，我们住得当然舒服。就像劳累了一天回家冲个澡，整个人感觉身轻如燕，心旷神怡。

2

微信朋友圈，每次打开都是一大波的动态，被旅游图片和视频刷屏，被微商广告刷屏，被晒娃儿刷屏，就算是半小时刷一次，每次也是上百条新的消息。

微信，目前已成为大家日常在线联系的主要沟通工具，而且可以在线支付，可以说是非常便利了。去商场看到做活动的要扫一扫，去参加什么会务遇到交谈投机的要扫一扫，到一家新单位要把同事加好友，连孩子同学的爸爸妈妈也要加好友，更别提自己的亲戚、同学了，肯定要加啊。

时间长了，微信好友数量暴涨，还有很多的兴趣群、工作群、交流群，等等。在看朋友圈的时候，发现很多人自己竟然毫无印象，纳闷是怎么加上的。其实，这些没有印象的人可能只有寥寥一两次的交集，后来就再没有联系过，最崩溃的是，这些没有印象的人还经常在朋友圈刷屏，翻到手都疼了。

还有经常要求点赞的、要求投票的、要求扫描一下二维码关注的，关键是平时根本就不熟，用得着的时候才给我发消息。如果是好朋友，肯定二话不说，可是对于几乎没有印象的，真的是不想做。

所以我每隔一段时间都会删除微信好友，实在不记得的人，我会去翻看一下对方的朋友圈，确定对方是做什么的，而不至于误删。我希望我看到的朋友圈都是我想要看到的人的，而不是两眼一抹黑，这人是谁啊？

我觉得这也算是有洁癖的一种，追求精神上的洁净。就像男女朋友分手了，会删除对方的联系方式，或者把和对方有关的物品都寄还给对方，甚至丢掉。这是一个仪式，同过去的人以及过去的自己告别的仪式。因为很多人失恋了可能一下子无法适应从两个人到一个人的生活，看到关于对方的一切都会很留恋，很难过。有的人会沉浸在痛苦中，不愿面对现实，一遍一遍地给前任打电话，发微信，特别是女孩子会这样，心比较软。这就导致一个人总是沉浸在自己对于爱情的想象中，无法走出失恋的阴影，不把自己清空，就无法开始新的生活。

所以删除对方的联系方式，扔掉和对方有关的物品，能够断绝自己对对方的念想。还有些人会暂时休假，出去旅游，欣赏沿途的风景。当你处在大自然的庇护下，会不自觉打开你的心胸，把一切不愉快的、不如意的全部倾倒，迎接新的自我。

所以对待失恋的方式也是一种洁净的仪式，它是为了告别过去，走向新生活。

3

多年前曾看过一个纪录片，名字记不得了。说是在西北的干旱地区，因为缺水的原因，一个人一生只洗三次澡：出生、结婚、死亡。

说到出生，几乎在世界范围内都要举行洗礼——是在小孩子满月的时候进行的一个仪式。在西方国家，洗礼是由当地神父来施行的，他口诵经文，把水滴在受洗人的额上，或将受洗人的身体浸在水中，表示洗净原有的罪恶，目的是对心灵净化或洗涤，是一种宗教信仰。

在我的家乡，小孩子满月当天，也会带到母婴店里去洗澡。只是仪式不如西方的洗礼那么隆重罢了。然而一家子也非常重视，七大姑八大姨齐上阵，争先恐后地看小宝宝洗澡，还拍下各种照片、视频。这是一种中国式洗礼，给孩子洗澡，主要是为了让孩子干干净净地在"满月酒"宴席上接受亲朋好友的祝福。

这虽说是一种风俗的体现，但其实也说明人从一出生就有对洁净的要求。比如读书前洁净双手，是对知识的尊重；烧香前沐浴更衣，是对信仰的尊重；出嫁前洁净身体，是对婚礼仪式的尊重。洁净，是生活的常态，也是人对于生活的基本要求。通过这样的一个仪式，表达出我们的意愿和追求。

让家整齐，心有秩序

1

柳柳今天心情特别好，因为她的大学同学兼闺密珠珠来她住的城市出差，晚上要过来看她。两人毕业后就分隔两地，平时都是靠微信和电话联系，难得见面。柳柳想起大学时两个人形影不离、无忧无虑的傻姑娘生活，忍不住地笑起来。

两个人虽说是好朋友，性格却截然相反，一个大大咧咧，一个耐心细致，而柳柳，就是那个没心没肺，需要珠珠照顾的女孩子。住在同一个宿舍，两个人的内务截然相反，一个整整齐齐，一个乱七八糟，珠珠看不过去，常帮柳柳收拾，可是过不了两天又打回原形，真是没有办法。不过这丝毫不影响两个人的友谊，两个姑娘感情越来越好。

恰逢柳柳老公也出差在外，柳柳一个人在家，憋闷得很，倒是很期盼珠珠的到来。为了迎接珠珠的到来，柳柳请了两个小时的假，提前下班。她要回去收拾一下屋子，她本不是这样居家的女人，老公也是粗枝大叶，所以两个人倒不会看对方不顺眼，就这样不拘小节地生活，也算其乐融融。只是今天珠珠要来，总不能让人家连下脚的空儿都没有吧。

一看到家里凌乱不堪的场面，柳柳忍不住叹了口气。她先把沙发和凳子上乱丢的要洗的衣服扔进了洗衣机，又把一些干净的胡乱塞进了衣柜。桌子和窗台上一些杂乱的小物品，她挑拣了一下，觉得还会用的丢进了抽屉，其他的都扔进了垃圾桶。地上乱糟糟的还没想好怎么处理的东西，她先往墙边挪了一下。

接珠珠的时间快到了，可是整个屋子的情况却不见有多少改善。柳柳一时间有些沮丧，毕竟这几年都是这样随意过来的，想要一下子收拾整齐，确实不太可能。由于收拾房间，柳柳的衣服弄脏了，她冲了个澡，准备换一件。一打开衣柜，柳柳的头又开始疼了，她的衣服都是上衣裤子随便堆在一起，找了半天，不是搭配不合适，就是挤得皱巴巴的。她只好随便换了一件，匆匆出了门。

柳柳不喜欢打理家事，偏偏老公在家也少爷当惯了的，所幸两个人都有自知之明，谁都不说谁。柳柳想，什么时候能把珠珠的本事学过来就好了，珠珠做事情细致认真、有条不紊，收拾家务根本不在话下。可是，珠珠整理的时候，看上去很享受的样子，柳柳怎么都做不到这点。

但是每个人都有家，总归要回家，就算是房子再大，如果到处都乱糟糟的，杂物满地，连心情都会莫名低落。

柳柳顺利地接到了珠珠，两个人在饭店边吃边聊，不知不觉两个小时过去了。珠珠好几次说有点儿累了，柳柳都打岔，对于自己的家特别不自信。

进了家门之后，珠珠到处看了看，说："还不错呀，比大学时有进步，看起来并没有那么糟。"柳柳不好意思地说："天哪，你不知道，收拾成这样都让我头痛死了，到底有没有又省事又快速的偏方，让我以后别为这铺天盖地的家务烦恼啊！"

珠珠笑起来："偏方当然有，你要是愿意学，我来教你。"

柳柳一听有这好事，立马来兴趣了："说说看。"

珠珠说其实很简单，关键点就两个，一个是分类，一个是收纳。就拿衣服来说，将衣服分为上衣、裤子、内衣、睡衣等，不同的类型以悬挂、叠放等不同的方式来存放。另外，家里最多的就是各种各样的杂物了，比如剪刀啊、雨伞啊、书籍啊、常用药品什么的，对付这些小物品最有效的就是收纳柜和收纳盒，根据不同的功能区分把它放入不同的收纳工具里，效果立竿见影，而且对于懒人来说，非常适用，一旦整理好，可以说是一劳永逸。

柳柳按照珠珠说的分类法整理了衣柜，果然，衣柜变得整齐有序，整个卧室也显得整洁许多。她又整理了家里所有的杂物，整个家的面目都焕然一新，至于擦擦洗洗那些，她都搞得定。

生活就像一场战斗，每天结束了战斗之后，我们回到家，想要的是温暖的港湾。若是家里总不收拾，时间久了，自然会杂乱不堪，心情也会随之受影响。我们经过脏乱臭的地方，都会掩住鼻子快点走，而长期待在脏乱的家，就如同待在垃圾场，不仅会影响身体健康，还会影响周身的气场，因为家的样子就是你的样子。

2

刘姐家里有两个孩子，活泼可爱，调皮好动。有孩子的人都知道，家里有宝宝，那你是别想干净整洁，一尘不染的。可是刘姐家里不是，每次去她那里，都是整洁有序，洁净明亮的。

其实，每次有客人造访或者临睡前，刘姐都会把家里整理一遍。可能大家会觉得，反正孩子第二天也是要把玩具扔来扔去的，何必睡觉前又整理起来呢？其实不然，整理是一个家的基本仪式，即使白天凌乱不堪，无从下脚，但是一定要看着干净整洁的家入睡。不仅如此，还要带领孩子一起整理，打扫，让他们从小养成认真对待居住环境的习惯。长此以往，孩子不仅能养成良好的生活习惯，还对以后踏入社会的工作习惯的养成有益处。

试想一下，早上起来，你是想看到物品散落一地，到处污迹斑斑，还是想看到家里窗明几净、整洁有序呢？答案是毋庸置疑的，对于整洁的要求是每个人最基本的渴望，环境整洁了，心情也跟着顺畅，做起事情来也会心无旁骛，事半功倍。

3

萍萍所在的公司是一家传统制造型企业，公司的保洁阿姨只负责公共区域的卫生清扫，每人的办公桌需要自己整理和擦洗。萍萍一向大大咧咧，再加上工作比较忙，每天文件堆成山，几乎看不到办公桌的颜色，所以萍萍入职半年以来从未擦过桌子。

有一次萍萍请假了，刚好老板娘到办公室巡视。她发现萍萍的桌子脏乱不堪，顿时大发雷霆，让行政科主管和保洁阿姨一起擦了三遍方整理干净。萍萍得知后，非常难堪，从那之后开始注重自己的桌面卫生。由于她的工作涉及的文件较多，就从行政科多申请了一个文件筐和多个文件夹，将以前都堆放在一起的文件按所属工作性质进行分类，并进行标注，排序放入文件筐。每天下班前将用过的文件进行归档，或置入文件筐进行保存，桌面擦洗干净。

　　这样规整之后，萍萍发现自己的工作效率提高了。她不用像以前一样从一堆文件中翻找自己需要的东西，而是可以从文件夹目录中准确定位到。不仅如此，每天早上上班的时候看到前一天被整理干净的桌面，心情也棒棒的，清清爽爽地开启一天的工作之旅。

　　其实公司也是我们的家，虽然我们不可能在同一家公司干一辈子，但是公司为我们提供了就业的机会和展现自己的平台。我们有自己的家庭之家，公司就是我们的社会之家，在那个家里，我们有很多的兄弟姐妹一起为了公司的发展而努力，学着像热爱自己的家一样去热爱公司，勤勉工作，尽心整理，相信你会有意想不到的收获。

花与美好生活

1

红蕊是个爱花的姑娘，前些年一直步履匆匆，忙着赚钱，忙着升职。所幸努力有回报，她有了不错的财富积累。从上市公司辞职之后，她拿出积蓄开了一间小小的花店，这是她一直想要做的事情。老公看她终于卸下成功的包袱，也为她高兴。凭借她营销的能力、能吃苦的特质和这些年积累的人脉，花店慢慢地走上了正轨。她招了一名全职员工做她的助手，还为学生提供周末兼职。虽说没有多少盈利，但是也不亏钱。

她的脚步慢下来，不再像从前那样忽略自己。隔着花店明亮的玻璃窗，经常看到她如瀑的秀发柔柔地铺泻下来，脱掉笔挺的职业装，身着时尚女装的她看起来非常柔和。为了映衬花店的主题，她还经常穿着有飘逸效果的服饰，看起来宛若一个在花海间迷路的仙子。

她也拥有了更多的业余时间陪伴孩子，这些年，她感觉亏欠家人的太多了，所以周末时间她都是和家里人到处走走，享受天伦之乐。她不再是叱咤职场的女精英，只是一个普普通通的妻子、母亲、花店店主。然后她觉得这才是她想要的生活，从前虽然有钱有权，可是她觉得自己的生活每天脚不沾地，除了工作她一无所有，实在太苍白了！如今，花儿成为她生活的一部分，让她的生活变得熠熠生辉。

她的性格也变了许多，从强势慢慢变得柔和。在我看来，花本不是人间之物，是大自然最神圣的馈赠，与花相伴，是在与神力对话，在与生命的本源对话。和非凡的物品相处，人也会变得宁静、超然吧。

2

之前在杭州实习的公司里有一个"插花班"福利，每周的周三和周四下班后，公司都请专业的老师教授课程，员工可以自愿报名参加，公司提供班车接送。我当时负责此项活动的组织和传达，每次报名都是人满为患，十分抢手。我想，这些同事学习插花，应该不都是为了将来开花店吧。

同事里有一个叫欢欢的姑娘，因为家庭的原因，要离开杭州。走之前，她请我们部门的姑娘们去她的出租房里吃饭。一进她的家门我就知道，欢欢绝对是一个爱花人士无疑了。虽然房子是租的，可是整个屋子的装扮倒像是打算长居的样子。对着大门的客厅有一面大窗户，窗户上摆放了五盆吊兰，一溜儿排开，煞是青翠。墙上用带叶子的树枝摆放了造型，好像花儿绽放的样子，虽然是假的，却显得屋子里有一股田园气息。

卫生间也没放过，窗台上放着几盆芦荟。洗漱台上插着一枝粉玫瑰，显得这五谷轮回之所也有点脱俗了。阳台上更是不得了，错落有致地栖息了许多叫不出名字的花儿。她说没有诗和远方，就用这些花花草草来装饰自己的家，如今要远走，这些花儿是搬不走了，所幸房东也是爱花之人，就全部奉送了。

花儿是人间精灵，作为凡人的我们能够拥有，实在是太幸运了！家里常常有些鲜花装饰，不仅有温暖气息，还能带来清新畅意的感觉。就算是不懂插花，每周买一枝放在餐桌上，也是一种灵动的点缀，给我们的家带来一丝清新、一丝意趣、一丝情结。

3

生活在大城市钢筋水泥大楼里的我们，或是三室两厅，或是蜗居小屋，我想都会梦想有一个院子吧。院子里有葡萄藤，有菜园子，有各种花草，还有秋千，秋千旁种凌霄花。凌霄善攀缘，花期繁盛的时候，秋千架一定花团锦簇，美得不似凡间。我希望有个女儿，她天真烂漫，无忧无虑。她穿着淡绿色的花裙子，在秋千上裙裾飞扬，笑声如银铃一般，洒满整个院落。

也许在一个安静的午后，我们在自己种满花花草草的院子里徜徉，许是在看书，许是在闭目养神，许是在发呆。就算是小憩，我们也是在花香中入睡，在花香中飞梦，在花香中醒来。无论如何，都是生活在花草间，过着诗意的、美好的、花一样的生活。爱花的人必定爱生活，它知道你会来，所以它在等你。不辜负花儿，就是不辜负自己，不辜负生活。

现在是一个快节奏的时代，与花儿相伴是获得自怡与宁静的好方法。我想，大自然之所以诞生了花儿这种灵动而美好的东西，是为了让生命变得更柔软，让世界变得更多彩吧。爱花之人之所以渴求与花相伴，也许是在与不同的生命对话，也许是为了自身当下的灵魂安顿，更或许是一种凡尘的修行吧。

与花相伴是让生活慢下来的理由，是让房子成为家的点睛，也是让生活多一些浪漫仪式感的通道。让脚步慢下来，用花来感受生活中别样的美，也感受美的生活，那才是真正的美好生活。

厨房是爱的原发地

1

怡然和品子恋爱三年，终于结婚了。甜甜蜜蜜度完了蜜月，开始了小两口柴米油盐的小日子。双方父母也非常欣慰，两个孩子情投意合，如今算是修成正果，做父母的也可以有几天清静日子了。

谁知还不到两个月，小两口就要闹离婚。离婚的理由让人啼笑皆非：总是为谁洗碗谁做饭吵架。怡然和品子都是独生子女，在家里也是小公主小王子，父母娇宠，从不让他俩下厨房、做家务。两个人结了婚，也比较有觉悟，总不能天天叫外卖吧，开始学做饭，学习打理家务。本来说好了，一三五怡然做饭，品子洗碗、收拾房间，二四六反之，周日去父母家吃饭。可是好景不长，两个人都有点懈怠了，下班回到家已经觉得很累，还要做饭、打扫房间，都想让对方多做点儿。品子是男人，想着多承担点儿也没什么，可是怡然又说他做的饭不好吃，地板没拖干净，一天一小吵，三天一大吵，两个人都觉得自己瞎了眼，怎么找到这样一个人做伴侣，冲动之下非要离婚。

这种现象其实并不少见，我也听母亲说过家乡发生的类似的事情，乍听上去有些荒唐，但细细想来也有其根由。再怎么花前月下轰轰烈烈的爱情，结了婚都是一地鸡毛。生活，就是安安稳稳地过日子，除了外出赚钱，就是一日三餐。

爱一个人，要如何去体现呢？光嘴上说说是不够的，只有实实在在做点看得见摸得着的事情才是真正的表达。要说吃饭，现在餐饮业十分发达，吃饭的地方随处可见，不想出门，外卖还能服务到家。可是，先不说长期这样吃是否健康，单是家里常常不开伙，总让人觉得少了点儿烟火气，这可不就是家的重要组成因素吗？没有烟火气，总感觉像是住酒店。而为爱的人去买菜、下厨做饭，家里常有烟火气，才能真正地温暖这个家，温暖爱人的心。

无论是戏文传说，还是历史故事，我们看过太多缠绵悱恻、荡气回肠的爱情故事，什么梁山伯与祝英台、林黛玉与贾宝玉、徐志摩与林徽因，这些故事赚足了我们的眼泪，让我们有所感、有所共情。可是这些相爱之人的结局都不好，都没能白头偕老，我想是因为他们都把自己的爱情定位得太高了，太不食人间烟火，所以没能天长地久。再怎么相爱，再怎么难舍难分，都是普通人，人活着，总归要吃饭吧。

2

说到厨房，我想到一个朋友的老公祥子。他们夫妻俩买的是二手房，无须装修就叫入住。房子整体的装修比较简单，该有的东西都有，就算什么都不添置，也可以正常生活。可是祥子是个对待生活特别认真的人，他在原来装修的基础上添置了许多的小物品，特别是厨房。

厨房里可放置东西的地方本来只有壁柜和几个抽屉。祥子为了生活更方便一些，他添置了碗架、勺架、筷笼。他还特意把这些放在窗户边的位置，这样厨房用具可随时保持通风状态，有利于清洁与健康。他还亲自挑选碗和盘子，花色和纹路讲究配套。就连放调料的盒子也要挑来挑去。还设置了放鲜花的地方，这样厨房不仅温暖，还有不凡之气。

祥子常说：人的营养和健康很大程度上是由吃食决定的，厨房，是最应该多花心思的地方。

朋友当初被祥子打动，也是因为这个原因，因为她觉得厨房是传递爱的地方，对厨房用心的人，定能对爱人用心、对家用心。

我的老公也是如此，谈恋爱之前我们都不会煮饭，认识我之后他就开始学做菜，而且考虑到我的呼吸系统不太好，他从不让我下厨房。他没有到外地去工作的时候，每天都要做我喜欢的菜。分开之后，每到周末，他都会赶回来，问我想要吃什么，巴巴儿地去菜市场买来给我做。

若是我心情不好，他就会列出他的拿手菜的菜单让我选，我就是心中有块冰也要融化了。前几年我们生活条件不太好的时候，他还常常把他碗里的肉挑给我吃。有一次我们一边吵架，他还一边在厨房给我炸鱼吃。这么多年我们一直感情甚笃，大概就是因为厨房的原因吧。

真正的婚姻，不是花前月下，而是一日三餐，四季如一。即便前一秒在争吵，下一秒也在想着给对方做他喜欢的食物。这种感情充满着黏性和弹性，就算遇到很严重的问题，大概都是打断骨头连着筋，还有缓和的余地。

电视剧《金婚》里有个场景，那是个物资匮乏的年代，文丽从娘家得了一碗白米饭，她想留给佟志吃，佟志舍不得吃，他想留给老婆孩子吃，结果两个人都没吃，米饭馊掉了。两人还因此大吵了一架。虽然是吵架，可是这碗白米饭却体现了他们对彼此的心意和爱恋。果然，他们一起携手度过了那个困难的年代，白头偕老。

3

我还不会做菜的时候，经常给母亲打下手。那时候用的是地锅，母亲炒菜，我就帮她添柴；母亲炸油条，我就在看着火的同时翻翻油条，或者洗洗菜、切切葱，有时候只是安静地看着母亲做饭。从前不觉得有什么，现在想起来，已经是难求的温馨了。现在除了做馒头，地锅已经很少用了，没有用过地锅的人不知道，用柴烧出来的馒头和菜都比用燃气做出来的好吃，即便是单纯的面汤，喝起来都保留着面粉原始的香味。

我们常说家的味道，其实，每到过年的时候，跨越万水千山也要回家去吃的，就是爸爸妈妈煮的饭，那就是家的味道。父母用食物承载了对儿女的爱，这份爱在厨房中传递、保存，深深刻在儿女的心里。

我由于上学早，读高中的时候只有 14 岁，那时候要住校，有时候一个月才能回家一次，母亲就特别挂念我，心疼我。回去的那天，学校都放学比较早，我到家的时候常常还不到晚饭时间。母亲就变戏法似的拿出一碗葱花蒸蛋给我吃，温度刚刚好。那一股葱花香，我这辈子都不会忘记。

我的嫂子也是一位好母亲。她平时工作比较忙，陪伴孩子的时间很少。一到周末，她就给孩子做各种各样的点心，好看又好吃。我曾经看到过她做的面点，有一款莲花样的，每一层颜色都不同，真是煞费苦心。没有小朋友会不喜欢这样的点心和这样的母亲吧，无论将来孩子们走得有多远，这个从厨房里飘出的妈妈的味道，他们一定会一直惦念。

现在大家装修房子可谓是花样翻新、创意多多，在我看来，卧室和客厅再怎么装修，本质和功能都是一样的。可是厨房才是家与家之间最大的区别，因为厨房里的烟火气是再怎么装修都无法企及的。它所体现的是家人之间的感情和联系，家人感情崩裂，厨房必定冷冷清清，家人感情和谐，厨房必定温暖舒心。

第七章

自在独行，仪式感更是一种行动力

懒人身永远也实现不了匠人心

1

凉月的小学同学珊瑚要从美国回来了。说起这个珊瑚，之前是个特别胖的女孩儿，学习成绩也不好，人也不怎么上进。但就是从小特别喜欢美国，机缘巧合之下在网上认识了一位美籍华人，聊得特别投机。男人回国出差的时候刚好到珊瑚的城市，出差期间和珊瑚经常见面，许是特别有缘，不过三个月的时间就互相见了家长，很快就领了结婚证。珊瑚初到美国，人生地不熟，语言也不通。为了能够迅速融入当地的生活和老公的生活圈子，她一改从前懒惰的习惯，开始刻苦学习英语，再加上有这个环境，英语水平进步神速。她还考上了当地的公务员，有了一份不错的工作。她嫌弃自己身材丰硕，老公就帮她办理了健身卡，请了几个月的私教，养成了定期锻炼身体的习惯，体型也慢慢变得标准。周末的时候，她经常参加各种各样的聚会，拓宽了自己的交际圈，过上了自己梦寐以求的生活。

一见面，凉月就被吓到了，珊瑚整个人气质都变了。身材不再臃肿，打扮也不再老土，整个人散发出自信而且有教养的气质。珊瑚说自从到了新的环境，为了能够和老公携手并肩，就把自己懒惰的习惯慢慢改掉了，学着去开发自己的潜力。没想到自己竟然能够做到那么多的事情，感谢老公，也感谢新的环境，现在的自己她非常满意。

其实凉月也喜欢美国的生活方式，之前珊瑚也帮她介绍过几个美籍华人，可是凉月想到要离开熟悉的环境，到新的地方重新开始，就犹豫、害怕。她担心自己不能适应，也害怕去面对新环境，就作罢了。她在国内陆续交了几个男友，但总是不那么如意，不是男生很渣，就是性格不合。现在都还没结婚，也是高不成低不就了。三十几岁的女孩子，虽说长得漂亮性格也可爱，还生活在一线城市，可是总也觅不得良人，可能心里还是有个美国梦吧。

其实凉月的故事只是代表一种想法，我们大多数人都有梦想，可是，一旦我们决定走向新生活新领域，就会脱离从前的"安逸期"。要去过想要的生活，要去经历梦寐以求的人生，就要去尝试、去冒险，相信能够毫不犹豫往前走的人是少数，我们大多数人都会思前想后，前怕狼后怕虎，最终我们退缩了，继续过平平淡淡的生活。

其实每一种尝试、每一种经历，都会让我们得到或是失去。有得必有失，最重要的是在这个过程中，我们的身体会得到磨炼，我们的思维会经历成长，我们的心智会受到锤磨。就看你最想要得到的是什么了。

2

如眉喜欢诗词，读书的时候她经常背诵诗词，闲暇的时候她还自己写。她说她以后要出一本自己的诗集。当时的我们是相信的，因为她是那么努力、勤奋、充满着诗情画意的女孩子。她的课余时间都是贡献给诗词，还经常给校刊投稿，时不时还会被发表出来，我们都觉得她会成为一名诗人，如果她将来出了诗集，我们都会支持她。

读大学之后，如眉有了更多的课余时间，她参加了很多社团。有她先前最爱的诗词社，还有街舞社、围棋社，由于性格活泼开朗，她还进了学生会。她的时间变得紧凑，生活更加忙碌，各种社团几乎占据了她下课后的大部分时间，学生会的各种琐事也让她疲于奔命。慢慢地，她很少写诗了。每天回到宿舍，只想倒头就睡，更别提看书写诗了。

匆匆忙忙中如眉毕业了，为了成为一名优秀的员工，她拼命工作、拼命表现，她升了职，更加地忙。结婚之后，她又很快有了孩子，生活开始鬼哭狼嚎，柴米油盐、一地鸡毛的生活把她心中最后的那点诗意一点一点消磨掉。每天睁开眼，就是小儿的哭声，仿若交响乐，震颤耳膜。再加上公司的事情，她每天头昏脑涨、心无杂念，就想着把目前的生活过好。

毕业聚会宴上，如眉最后一个才来。酒醉微醺的时候，我们问她什么时候出诗集。她苦笑着说："算了吧，我好久没写诗了。毕业这些年过得确实比较累，但想一想，若是能坚持一下，也许真能做到自己想做的事情。都怪我太懒了，丢掉了自己的才华和潜力。"

人活一世，只是须臾一瞬。如何在有限的生命里实现自己想要的有意义的人生，是我们每个人都思考过的问题。梦想虽然不能当饭吃，可是人间烟火却无论如何也无法取代我们的精神世界。可能它是一件奢侈品，然而我们可以努力向它走得近一些。人生苦短，随性折腾一番又何妨？

3

婉莹已经有个儿子，她还想儿女双全，可是想到没人带孩子、孩子会生病、将来可能还要操心孩子的学习和婚姻、她也可能会失去更多自己的时间，就犹犹豫豫。时光荏苒，她很快就过了最佳生育期，也就作罢。

君君是个人力资源工作者，她一直在内资企业工作，薪水微薄。她想到外资企业发展，可是英语水平达不到，所以她发誓要弥补自己的缺陷，每天坚持学英语。可是才坚持了一周，就因太累而放弃了，现在也还是薪水微薄，庸庸碌碌，连人力资源师的证书都懒得去考。

珍珍工作稳定，薪水一般，有老公有孩子，生活稳定。但是她一直有个创业梦，无数次想过要辞去现有的工作，去社会上打拼一番。可是想到以后收入会不稳定，也会失去更多陪伴孩子的机会，觉得自己赌不起，就放弃了。虽然还是会想到这件事情，但也只是唉声叹气。

江彬喜欢一个女孩儿，对她朝思暮想，想约女孩儿吃饭，每次按好号码又清除，他害怕被拒绝。好不容易有机会和她在一起，一张口却憋得脸通红，最终什么也没说。女孩儿邀请他参加自己的生日宴会，他捧着礼物走到门口，却听到别的男生向她表白的声音。他不敢听女孩儿的回答，狼狈而逃，他不知道那天女孩儿拒绝了表白者，不知道女孩儿等他等到泪流满面。等他知道的时候，女孩儿已经嫁作他人妇。

有没有觉得像我们自己呢？每当我们踌躇满志、雄心勃勃地想要大干一场，就会被各种各样的理由比如太累啊、没时间啊、明天再做啊所扼杀。明日复明日，明日何其多，等到自己年岁渐长，发现不过是蹉跎一世，迷茫无途。

我们只是想太多罢了。船到桥头自然直，一旦你开始行动，迈出步伐，你会发现那些山重水复的障碍不过是云雨巫山，勇敢地去尝试、去努力，终会柳暗花明。就算没有成功，那又如何呢？等到我们老了回顾一生，终归年轻的时候做了自己想做的事情，人生了无遗憾了。我想，所有的人都希望自己有一天回顾过往，有底气说一句此生无憾吧。

对生活的诚实，是一步一步地向目标努力

1

明玉是个实在的姑娘，凡事喜欢随心。她出生于北方的一个城市，也在这个城市念了大学。父母希望她毕业后就在本省工作，可是她爱上了一个男孩儿。这个男孩儿是南方人，毕业后就要回到父母身边。

明玉想和他在一起，所以她决定考研究生，考到男孩儿所在的省会城市，可以离他更近一点，虽然她并不肯定男孩儿对她的感情。大学的最后一年，男孩儿已经回去实习。为了顺利考上研究生，明玉非常刻苦，舍友还在睡懒觉的时候，她已经在教室里苦读，舍友们聚会庆祝毕业的时候，她在做数不尽的模拟测试题。

压力很大很辛苦的时候，明玉就拿出男孩儿的照片看，看着他温暖和煦的笑容，明玉心里充满了无尽的动力。功夫不负有心人，明玉顺利考上了心仪的大学。虽然是自费，但她依然选择继续往前走。

研究生的生活忙碌而充实，白天明玉和同学们一起上课，下课了就外出兼职，以减轻父母的经济负担。周末的时候，她会买火车票去看男孩儿，哪怕只是和他一起聊聊天吃个路边摊都觉得无限幸福。男孩儿应该也是在乎她的吧，他曾经送明玉一枚金戒指，戒指不是求婚的意思吗？

6个小时的车程，明玉坚持了两年。直到有一次，男孩儿的妹妹因为赌博欠款十几万，男孩儿想把唯一的房子卖了替妹妹还债。明玉不置可否，但是也不高兴。明玉回到学校没几天，男孩儿就提出了分手，说自己已经有了新女朋友，是隔壁的本地姑娘，已经同居了。明玉如同遭遇晴天霹雳，她没有去找他，更没有好好向他告别，这件事情成为明玉一直的遗憾，可是去干吗呢？看他和别的女孩儿卿卿我我吗？明玉的脸皮太薄了，她不想自取其辱。不亲眼看到他有新欢，明玉心里的伤害应该会少点吧。

某个你以为是会陪伴自己一生的人，其实只是年少时节里你对爱情的误解。然而正是这些生命中的过客教会我们如何去爱，如何去面对伤

痛，如何去遇见永远的真命天子。我们选择了一条路，在没有结果之前，我们不知道对错。可是既然选择了，就应该诚实面对自己的内心，一步一步往前走。哪怕失败了，也要学会和失败握手言和，重新出发。

2

硕士毕业之后，明玉没有依照父母的期望回到家乡。她总觉得生活不应该是这样的，在一个名不见经传的小城市出生，长大，老死。一辈子平平淡淡，没有大风大浪，没有刻骨铭心，这样的人生实在是寡淡无味。她心里有更大的天地和平台，她想出去看看，外面的世界是怎样的，她又能做什么，是否能给自己平淡的人生增添一抹不一样的亮色。

明玉去了东部的一个一线城市工作，这里生活节奏快，竞争激烈。她和一个叫蓝影的姑娘一起被招到一个公司的总部工作，岗位职责是一样的。通过三个月的培训期和试用期，表现最出色的一个会留在总部，而另一个会下放到分公司。明玉和蓝影都拥有高学历，做事情干脆利索。不同的是，明玉相对老实一点，蓝影就像是一只美丽的花蝴蝶，只用了一个月的时间，就跟公司里上上下下的人都熟识了。

她们做的是财务工作，需要谨慎且细致，尤其是发票和流程的审核，更是不能马虎。明玉每次都是全神贯注，严格审核，不合格的就打回去让申请人重做。蓝影刚开始也是这样，时间长了就经常戴着耳机，一边听歌一边工作。公司氛围比较开放，只要不影响工作，是无伤大雅的。但是审核单据的时候需要心无旁骛，明玉曾经多次提醒过蓝影，但是蓝影不以为然，觉得这么简单的工作不值当耗费这么多心神，况且自己和各部门关系都不错，出点小错也没什么。

转眼3个月的时间过去了，留在总部的是明玉。蓝影不服，问领导原因。领导说："其实这段时间你的表现也不错，工作上的出错率也很低。区别只在于，明玉是零失误。你现在是个执行人员，出了错还有你的上级帮你修正。如果有一天，你是那个决策者，你错了，就没有回头的机会了。"

蓝影听了思忖良久，对于领导的最后一句话，她心服口服。一直以来，她都是个聪明圆滑的人，智商高情商高，人缘儿也好，所以她很自信，也不怎么把同龄人放在眼里。这一次跌了跟头，她开始明白，原来工作中需要的不是聪明人，而是一丝不苟、脚踏实地、真正为公司着想的人。因为只有这样的人，才能真正被领导看重，公司才能给她机会，放心培养她。

人生是自己的，要不得半点侥幸和耍滑头，你对生活不诚实，生活也不敢真心待你。这个世界上没有一蹴而就的罗马，再聪明再机灵的人，也不能完全复制别人的成功之路，只有兢兢业业、一步一个脚印，才能完成自己的家庭目标、职场目标甚至人生目标。

3

明玉靠自己的能力留在了这个一线城市，由于做事情勤恳踏实、严格细致，只用了两年的时间，她就坐到了部门主管的位置。她也以同样的工作态度要求自己的下属，并且把下属当成自己的接班人来培养。

有段时间里，公司推行 backup 发展策略，要求各部门根据人力资源部的要求开展培训计划，并依照和人力资源部核准后的课程按时培训。每堂课结束后的两天内进行考试，并将试卷和员工心得进行汇总。其实公司不是第一次推行这种培训方案，只是收效甚微，各部门都当公司是走走过场，十分敷衍。由于部分课程是安排在下班后或周末的，有些领导就没有推行周末的课程。明玉却不为大势所影响，无论是休息日还是恶劣天气，明玉都按时进行培训课程，并帮助下属克服困难前来学习。

转眼到了年底，总经理要求各部门汇报 backup 计划的实施情况，作为部门主管年终考核的重要指标。其他部门主管都慌了神，纷纷开始让下属一起补充考试试卷和心得。结果总经理非常严谨，认真看了每个部门交上来的培训心得和考试试卷，并让部门负责人脱稿汇报。结果可想而知，大部分的负责人都磕磕巴巴，汇报很笼统，因为实在不记得确切的数据了。

可是明玉就不一样，她在这件事情上花费了很多的心力，每一次培训结束，她都把培训的效果牢牢掌握在心里并在下一次培训上有针对地讲解，对每个下属的进步情况也胸有成竹。她的汇报详细流畅，数据精准，还草拟了本部门来年的培训计划，对公司未来的人才培养计划给出了提议。

年终晋升，明玉连跳两级。而公司的那些老员工，除了忌妒就是佩服。工作是属于自己的事业，一味偷奸耍滑，势必要为自己的职业生涯带来阻碍。只有那些诚实勤恳，向着目标踏实前进、一丝不苟的人，才会脱颖而出，实现自己的目标和理想。

书写的人生最惬意

1

多年前的一个凌晨，一个年轻的男人在山海关的铁轨上被一辆呼啸而来的火车轧过。据说，那天是他的生日。

这是一个为诗而生的男人，他的名字叫海子。他的《面朝大海，春暖花开》我相信很多人都学过，并被广为传诵。

从明天起，做一个幸福的人

喂马，劈柴，周游世界

从明天起，关心粮食和蔬菜

我有一所房子，面朝大海，春暖花开

从明天起，和每一个亲人通信

告诉他们我的幸福

那幸福的闪电告诉我的

我将告诉每一个人

给每一条河每一座山取一个温暖的名字

陌生人，我也为你祝福

愿你有一个灿烂的前程

愿你有情人终成眷属

愿你在尘世获得幸福

我只愿面朝大海，春暖花开

这诗句如此鲜活，如此质朴，如此充满希望，每次读来都觉脍炙人口，仿佛每一个字都有着旺盛的生命力。读的人都会觉得幸福，那想必写下这首诗的人，一定也是怀揣着幸福的吧。可是这样一个给人幸福的人，却以这样决绝的方式，离开了这个世界。

然而，即便他生命短暂，却在有限的25年生命里，写下了无数的诗篇。我们一直在追求诗和远方，而海子的一生，只有诗和远方。人生的沉浮、爱情的忧乐、远方的风雨，都在海子的人生旅途中造就了他浪漫的情怀、抒情的句子和对现实与理想的感悟。他喜欢看电影，也会画油画，关注时髦与个性，也关心粮食和蔬菜。他书写人生，书写爱情，书写失意，也不惧怕死亡。

据说，他走的那一天，房间干净明亮，蓝色的窗帘透着薄薄的光，书架整理过了，7卷本印度史诗《罗摩衍那》摆在书桌显眼处。没来得及修改的手稿，都被塑料绳捆成小捆，放在从家乡带来的小木箱里。捆扎的塑料绳被仔细编成了麻花辫的样式。5封"遗书"放在抽屉里。

他在生命的临别时刻，依然坚持给了自己书写的人生以最后的尊严。

2

无论会不会写，我想，爱诗的人，心里应该是充满着幸福的。

曾经认识一个朋友，她有个很美的名字，叫梦薇。她说，这名字是母亲取的。其实她的母亲算不得什么有文化的人，只是读过几年小学。怀她的时候梦到大片大片的紫薇花，便给她取了这个名字。母亲有几本破烂的诗集，有空的时候经常偷偷拿出来看。为什么是偷偷呢？因为那里是个落后闭塞、重男轻女的地方，这里基本不让女孩子读书，就算是读也是三天两头的缺课，不是帮家里干活儿，就是帮忙带弟弟。这几本诗集是一个会画画的人送给母亲的，那个人来村里采风，遇到母亲，看母亲喜欢诗，就送了她几本。

当时母亲还只有16岁，刚刚定过亲。那个画家穿着好看的白衬衫，笑容简单温暖，母亲的心里埋下了最初的懵懂。成亲之后，父亲知道了这件事，虽然并没有发生什么，可是这个无知的男人气急败坏，打了母亲，还撕了诗集。母亲偷偷地粘好，无人的时候才敢拿出来读。

许是受母亲的影响，梦薇也喜欢诗，她不仅喜欢读，也喜欢写。她对诗没有特别的理解，只是随心，写天空，写青山，写山花烂漫，也写惊雷春雪，甚至，会写一写这山里的荒芜和无知。许是她乖巧吧，父亲许她读书，她走出了大山，考上了大学，毕业后留在了大城市工作。

命运有时候格外地亏待某些人，和很多青春期的女孩子一样，梦薇也喜欢那种浪漫的留着长头发的男子。她爱上一个诗人，和他谈诗谈理想，他会给梦薇煮饭，一边煮一边念诗，他还在梦薇生日的时候在公司楼下等她，拉了硕大的横幅向她示爱，横幅上写着：一生一世一双人。梦薇就掉进去了，和他朝朝暮暮，卿卿我我。不久，梦薇怀孕了，她欣喜地告诉他。可是他说自己还没有钱，再等两年。梦薇的心沉下去。梦薇下班的时候，发现他的东西都不见了，这个胆小的男人，选择了逃避责任。

那个男人走的第二天，家里来消息说父亲上山出了意外已经去了。梦薇当机立断，接了母亲和弟弟过来。弟弟书念得不好，但有一身力气，她托朋友给弟弟找了工作，虽然收入不怎么高，可是日常生活也够了。梦薇换租了两室一厅，离公司远了些，可是那又如何呢？这个紫薇花一样坚强的女孩子，依然选择留下孩子，依然读诗爱诗。母亲知道她有身孕之后，什么都没有说，只是每天做好营养餐，照顾着梦薇的身体。

梦薇身体还好的时候，她就会在明亮的窗台下，写下自己心中的句子，她准备以后把这些都送给孩子。不仅如此，她还把自己打扮得美美的，丝毫没有孕妇的浮肿感。她还爱花，看到花就有好心情。

时光给了梦薇伤痛与磨砺，也给了她恩赐和感悟。她顺利产下了一个女儿，取名叫盼兮。是个很漂亮的女孩儿，遗传了她的母亲和外婆的美貌。如今那孩子已经三岁，看到梦薇发的视频，小姑娘粉雕玉琢，唐诗朗朗上口，真是可爱极了！

而梦薇，依然喜欢读书写字。公司里有个男上司，倾慕她的才华与气质，愿意与她一同照顾女儿，两人正在互相考察阶段。

我想，爱诗的人，心头上是开着花的吧。即便身处逆境，仍然会努力保持优雅、有追求的人生，困顿时隐忍，顺遂时开心。

3

周姐有个爱女，今年出嫁了。送亲的那一天，周姐送了女儿一本成长记录，里面记载着女儿从出生至今的成长足迹以及周姐从初为人母的慌张无措到游刃有余的变化过程。女儿珍视异常，说这是她收到过的最珍贵的礼物，也是这辈子最好的礼物。

宝宝四个月，会翻身了；

宝宝七个月，会坐了；

宝宝今天发烧了，我不知道该怎么办……

一字一句，准确而细心地记录了孩子的成长轨迹，也见证了周姐自己如何成长为一名合格的母亲，是孩子的成长，也是自己的成长。

有所感的时候，就记录下来吧，哪怕是只言片语。时间是有魔力的东西，带走岁月的同时，也带走了当时的记忆与感觉。十年甚至二十年之后，回忆起那时那刻，竟然好像没有发生过一样，很是遗憾。

而书写，就是把过去的自己、现在的自己写进属于自己的历史。我们之所以有历史可学，是因为从前有很多的史官，一笔一画记录下当时发生的事情，因此我们的历史书才多姿多彩，我们才能了解到中华上下五千年发生了哪些大事。还有我们所看到的影视作品，大都是基于历史改编。

同样地，我们可以做自己人生的史官，把发生在自己身上的事情、感受，好的坏的一并写进去，等有一天我们回顾往昔，会发觉，原来我们一直都在为做最好的自己而努力、而勇敢。

留一刻，致信未来的自己

1

有一年好友来访，我与她一同去山塘街小逛。穿过熙熙攘攘的山塘街，在小桥的尽头发现一家很有特色的书店，名字叫"猫的天空之城概念书店"。据说这是一家连锁的小资书店，最早的店面是在平江路上，那个店面很小，只有四张桌子和500本图书。最初它以原创和插画书闻名，慢慢感染了一大批的爱好者，名气也渐渐大了。

时光荏苒，书店慢慢发展成连锁型，在华东、华北甚至西北、西南等大城市也都有踪迹。书店的选址很是用心，多分布在风景区或者文艺青年的聚集地，而且闹中取静，书香不散。来到这里的人，都心有灵犀，大家一起默默保护着这家书店的古香与幽静。

而山塘街的这家布置非常讲究，门口有一些小玩意儿，比如明信片、比较文艺的杯子、书签、吊坠儿。再往里走，左边有一个吧台，是可以点东西喝的，中间摆放着一张大桌，另外还零散放置着一些小桌子。

这里是可以坐下来看书的，如果有缘，还能结识一些有趣的人。在这里，没有防备和警戒，纯粹以书会友，来自天南地北的陌生人之间的距离因为共同的爱好拉近了心灵的距离。而最有特色的，是一面明信片墙，名字叫"寄给未来"。你可以在这里写明信片，寄给朋友或者未来的自己，甚至可以把今天或者昨天的记忆，寄给未来的某一天某一个人，在你选定的时间内，猫的天空之城会按时帮你寄出。更有趣的是，这里的明信片是经过精心设计的，都和苏州有关，插画风、水墨风、摄影风交相辉映，总有一款可以触动你的心弦，让你停下匆忙的脚步，静静坐下来，写点儿什么给自己、给朋友。

在我看来这是一种记忆的时空旅行，我们都梦想可以穿越时空到过去或者到未来，为自己的人生道路做一点改变。而在这家书店，你可以把现在的自己所发生的事情、当下的心态以及痛苦的悲伤的迷茫的期望的一切写信告诉给未来的自己，十年后，或者二十年后，因为那个时候的你，很可能已经忘记现在所拥有的所发生的所感受到的。而在 N 年后的某一天，你突然收到一封信，是过去的自己寄来的，你打开信，看到了或者可以说是发现了过去的自己竟然有那么多神奇的可爱的经历。这种感觉，是不是很奇妙？

我们经常说，过去的自己已经不见了。其实，是因为人的大脑存储是有限的，你不可能用大脑记得这么多年的事情。所以我们需要花心思去记录，不抛弃过去的自己。让一封信穿越时空，把过去的自己带到我们身边，无论我们当时过得好还是不好，这封信都会让我们有和年少的自己重逢的喜悦，甚至在某个迷茫的时刻，也许它可以让我们记起初心，为我们指点迷津，告诉我们未来如何去走。

2

我是个急性子，做什么事情都匆匆忙忙、争分夺秒。去赶火车，一定要在发车时间前至少三个小时出发，因为我想着万一堵车呢？万一车站人很多过安检很慢呢？去上班，出家门一定一路小跑，担心如果错过一班车就不知道下班车能否准时到达。和我约会，必须要准时准点，哪怕对方只迟到两分钟我也会不开心。

其实，哪有那么多来不及，哪有那么多不能回头？和好友在书店里坐了一会儿，心就不知不觉静下来，也想要写封信给未来的自己，也给未来的好友。我想告诉未来的自己，年少时读过的书、走过的路、交过的朋友、爱过的人。

那个学习成绩特别棒的男孩儿，头发是卷的，衣服永远是卡其色。他笑起来的时候，嘴角有坏坏的戏谑味道，找他请教习题的时候，他总是说"就是这个意思，你真聪明"。

好几年的好朋友，因为一件莫名其妙的事情，她不理自己了，如果以后见到她，想跟她说一声"对不起"。

高中的时候偏科，迷迷糊糊去了文科，考大学的时候才发现没有喜欢的专业，如果一切可以重来，一定不要偷懒，要努力，要争取。

大学门口的那条小吃街，东西特别特别好吃，很有家乡的味道，如果有机会，一定要经常回去看看，那里沉淀着象牙塔时光里最单纯最美好的依赖。

花钱不要大手大脚，多少有些储蓄。等你有一天需要的时候，你会后悔曾经的随意和任性。至少为父母存一点，因为你会发现，年纪大了之后，那曾经空空如也的医疗本会慢慢被写满。

无论任何时候，要先爱自己，别人才会爱你。青春易逝，女人的容颜是要靠气质和知识来烘托的，投资自己，永远不会错。

3

有个朋友新入职一家公司，新员工培训有一堂重要的课程是给自己写一封信，写给一年、五年、十年或者是二十年后的自己，而且要为自己设置一个短期或者长期的奋斗目标，这封信保存在公司人力资源部，每半年可以申请翻看一次，如果离职还可以带走。

我觉得这家公司的新员工培训真是蛮有创意，尤其是对刚刚踏入社会的毕业生，他们满腹激情、雄心壮志，想要做一番事业。然而，现实无情，多数的人要经历自己想象不到的打击和挫折。在风雨中，有的人一蹶不振了，有的人歪门邪道了，有的人忘记了初心。而这封信，或许能在我们迷途的时候拉我们一把；我们高兴的时候，提点我们，让我们保持清醒。

其实即便是三年时间，从现在来说也还是很远的，三年，可以发生很多事情。甚至，可以改变一个人。如果三年后我们还能自信而优雅地回头看，那相信我们这几年一定是脚踏实地认认真真地在往前走。

我们总说时间会淡忘掉一切，甚至包括那些分手时让你痛彻心扉的爱人。时间也会包容许多，包括那些年少的狂妄与懵懂，以及爱的萌动。现在的你回头，是否发觉很多东西难以忘怀？比如：青春时代的傻事，为梦想奋斗的冲劲，以及亲情、友情、爱情里刻骨铭心的部分。现在的你是否还喜欢看童话？是否还在固执地钟情于春天？而当某一天，未来的你回头审视现在，你要考虑的不是对现在所执着的东西是否能够释怀，而是你这已经垂垂老矣的大脑，还能否记起你曾经的这些珍贵的欢乐与痛苦。

那么，随便找个时间，留那么一刻，致信未来的自己。认真地写下今天所发生的一切、所铭记的一切、所计较的一切，当未来降临，你才有据可查，有东西可怀念、可评判。

办公桌上的内心世界

1

思语毕业两年了，在公司里做文员工作。她性格开朗，活泼靓丽，不仅是部门优秀员工，每次外出团建还是大家的主心骨、小主持人，颇受同事们喜爱。

当然，思语受欢迎绝对不仅仅是外貌和性格的原因，她是个做事情特别有条理的人。从哪儿看出来的呢？很简单，就是办公桌。可能大家会嗤之以鼻，办公桌？怎么可能会看出一个人是不是受欢迎？别逗了，不就是一个放办公用品和文件的地方吗？

大错特错，办公桌上的物品及摆放，藏着你的性格和工作态度。甚至，敏锐的人力资源部门可以从中捕捉到你是否愿意和公司一起长期发展。

有相当一部分职场人的办公桌让人不知道该说什么好。纸张和笔随意摆放，分不清哪些是重要的文件。还有一些爱吃的，桌子上都是零食和果皮，抽屉半开着，满满当当都是诱人的零食。办公桌下有好几双鞋，包括拖鞋，还有一些纸盒，杂乱地放着，其实纸盒里并没有什么重要的东西，然而，却常年那样放着。

工作不忙的时候，有的职场人会梳理一下过去这些天的工作情况，有的职场人在看专业书籍，而也有一部分，刷微博、刷抖音，塞着耳机追剧，要么就是半睡半醒葛优躺，醉生梦死的样子。

而思语的办公桌，永远整整齐齐。笔、橡皮、剪刀等常用办公文具乖巧地待在笔筒里，两个文件筐并立，文件夹一字排开，贴在上面的标识让其他同事也能一眼看出里面的大致内容，领导或同事们需要什么，思语总能在最短的时间内找到。水杯和包包等私人物品固定在办公桌的一角，非常和谐。电脑显示器的右下角放着一个相框，照片上是她和男友的合影。

她的办公桌绝不仅仅是偶尔这样，而是无论她是否忙碌，心情如何，永远都是这样。有一次她眼睛红红地来上班，眼角有泪痕。原来，她是和男朋友闹别扭了，可是她的办公桌卫生和工作状态丝毫没有受影响。

实际上，我们大多数人都在日复一日重复而既定的工作中度过我们的人生。我们经常抱怨工资低，涨薪慢或者福利不如意。实际上，我们只是贪图安逸和稳定，而这样的员工又怎么可能会花心思好好整理自己的办公桌呢？

2

阿勇最近工作特别不顺，本来一个很简单的实验，不知道什么原因，总是出问题。经常加班加点搞到凌晨，供应商都换了好几拨，就是找不到问题所在，眼看项目截止的时间节点就在眼前了。公司考核方式是工程师责任制，领导说如果再搞不定，就让他走人。阿勇真是冤枉啊，他知道不是自己负责的零件有问题，可是又说不清楚是哪个零件，再加上这个项目是他负责，他真的是有苦说不出。

来这家公司七年了，从毕业起就跟着公司成长，工作上他勤勤恳恳，可谓是废寝忘食了。买的房子不在这个城市，老婆孩子只能周末才见。因为实验的问题，好久没回家了，连中秋节都是和实验室相伴。中秋月圆，阿勇望着窗外的万家灯火和天空中那一轮圆圆的明月，在办公桌上吃着泡面。他看着和妻子孩子的合影，想到毕业起这些年的工作、恋爱、结婚、生子，他想：难道是自己当初的选择错了吗？我现在做的这些都是有意义的吗？

其实不只是阿勇，我们每一个人，在面对工作和生活的冲突时，都会去思考。也许我们对职位不满意，也许我们对薪水不满意，也许遇到挫折的时候，我们会想，我们到底在这里做什么？其实我们自己也不否认，大多数时候，我们只是想一想。无数次想要跳槽，想要一走了之，最后还是原地不动。也许是因为发展和就业机会，也许是因为家庭，也许是因为一些生活方式的限制，所以我们继续做着在我们看来并不开心的工作。

在我们并没有找到我们职业的方向时，可以花时间做一些不同的尝试。但实施起来我们会发现，我们很担心这样做会耽误时间，会偏离人生正常的轨迹，所以我们一直做着专业相关的工作，甚至不敢换行业。也许可能在未来的某一天，我们突然找到了值得我们奋斗一生的事业。但在这之前，我们焦虑、犹豫了几十年。

我曾经认识一个人力资源工作者，认识她的时候，她已经做了20多年的人力资源，月薪20000元多点。其实，这在人力资源领域里算是一个偏高的水平了。就算是再厉害的人力资源总监，年薪百万的都很少，这可以说是这个行业自身的瓶颈。后来有一天，我突然在朋友圈里发现她去了保险行业，做得风生水起，还把我们拉进了一个微信群，经常发红包和一些保险产品。客观评价，她推荐的产品都很合时宜，而且很多人都有需求。不仅如此，她还经常晒她得到的一些奖励，以及培训和进修的机会。从照片上来看，她的容貌并没有发生什么变化，但是笑得非常开心。我想，她可能找到了她一生要奋斗的事业。

3

一年三百六十五天，对于上班族来说，有一大半的时间是在公司，而办公桌可以说是我们最常待的地方。有时候我们伏案忙碌，有时候我们和同事畅谈，有时候我们只是在发呆。生活中发生其他事情的时候，我们可能会心不在焉；遭遇辞职潮的时候，我们也可能会蠢蠢欲动；想念家人的时候，我们可能会盯着照片傻笑；被上司骂的时候，我们可能会犹豫、会退缩。

生活从来不是一帆风顺的，办公室里更是，公司作为个人实现社会价值的平台，承载着太多人的梦想和成就。在这里，我们有喜怒哀乐，有赞赏，也有质疑，更有丰富的内心世界。你的一颦一笑，都透露着你的心理状态，无法伪装，更无法回避。

每当我们坐在办公桌前，我们也会想些事情，但是我们都想些什么呢？也许没有人真正去在意、去总结，有可能只是天马行空，随意思索。但是，如果我们真的想要在自己的公司和领域里有所建树，倒是需要在闲暇的时候好好去思考：我们现在做的是什么？我们现在能做什么？未来我们还可以做什么？

把下班后的你当成另一个自我

1

妍妍是个乖乖女，从小聪明伶俐，乖巧可爱。一路重点小学、重点中学、重点大学顺顺当当，是家长们眼中的别人家的孩子。她礼貌孝顺，举止得体，大学毕业前遵从父母的期望不谈恋爱，是人人都喜欢的好孩子。

因为学业异常优秀，妍妍一毕业就进了大型国企，每日着职业套装，脸上有着程式化的让人挑不出毛病的笑容，对待上司尊敬有加，对待同事和煦良善，是领导眼中的好苗子。可是，这从来不是妍妍所希望的自己。

她希望读书的时候能有让她思恋倾慕的对象，不负少女时节慌乱懵懂的岁月；她希望除了学业优秀，她还能跳拉丁、玩攀岩，染花花绿绿的头发，给清亮的青春岁月涂抹一些抹不去的色彩；她希望可以不要把自己一直包着，好像一个套子里的人，只为了让父母高兴，让周围的人羡慕。

妍妍家里不止一套房子，在她的坚持下，父母放弃了让她一起住的想法。还没结婚的妍妍就自己居住，每周末回父母身边。

夜，是一个神秘精灵。每当它来临的时候，就有许多蠢蠢欲动的未知潜伏着、骚动着。下班后的妍妍独自乘坐的士回到家。一进门她就脱下了精致的职业套装，卸下了绾得无懈可击纹丝不乱的头发。她先冲了个澡，然后披散着头发，化上妖冶动人的妆容，穿上五彩的拉丁舞衣，她随着音乐翩翩起舞。灯光下，她身姿摇曳，表情微醺，如同一个迷路的女妖。如果爸爸妈妈看到她这副样子，一定会吓得从椅子上掉下来，说不定爸爸还会发火呢！

可是爸爸妈妈不在，真的是太好了，夜晚是属于妍妍自己的。因为拉丁舞经常是男女同跳，所以父母不许她学。可是当她看到拉丁舞的表演，她就沉醉了，爱它爱得要了命。和父母分开居住之后，她就趁下班之后的时间瞒着父母去培训班学习。明显她是个有天赋的姑娘，学得太好了，有机会还会偶尔去参加表演。绚丽斑斓的舞台，欢呼声口哨声交相辉映，妍妍沉醉在舞台上，行云流水，挥洒自如，她是这方天地的女王，酣畅淋漓地做着一件她最想做的事情：做自己。

如今的社会纷繁复杂，每个人在行走的时候都多少戴着面具。职场中谨慎细致，如履薄冰，面对上司更是如临大敌，打起十二分的精神。一天8小时，也许6个小时都在伪装，还有2个小时在拼命干活。下班之后是真正属于我们自己的时间，有爱人孩子的，回去陪着伴侣和爱子，享受着轻松的天伦之乐；单身的，叫上三五好友把酒言欢，或者月下独酌，不用应付，不用看人脸色，实在是人生一大幸事。

也许工作岗位上的你并不是真正的你，而是职能使然赋予你的角色。也许真正的你已经让你觉得乏味了，想要尝试另外一种人生，那么何妨呢？离开公司之后，没有什么眼睛盯着你，没有什么任务追着你，如果你愿意，完全放开自己吧。去接纳另一个自我或者想要的自我到来，也许并不是完美的，甚至是不太好的，那又怎样呢？多尝试一种人生，不是很好吗？

2

凤灵读到硕士学位才出来工作，刚出社会就已经25岁了。和男朋友一无所有，挤在一间小出租屋里。凤灵的专业比较生僻，毕业了也不知道自己能干什么，索性就随意找了个小公司干文员，工资不高，全靠男朋友养着。

就这样浑浑噩噩地过了3年，凤灵换了两份工作，还是做文员，工资也没涨多少，更谈不上一技之长。28岁了，男朋友家里要求完婚。就这样，凤灵迷迷糊糊嫁了人，刚举行完婚礼就怀孕了。上司找她谈话，承诺她如果不要这个孩子，就给她一个好的发展机会，职业生涯会大有改观，而且以后会有专业的特长。凤灵也很想要这个机会，毕竟快奔三了，职位和工资都一般，可是打掉这个孩子换发展机会？她舍不得，老公家里也不会同意。思来想去，她拒绝了。

公司对待孕妇也还算可以，最起码并没有为难凤灵，她还算轻松地度过了孕期。休产假的时候，老公换了工作到另外一个城市，凤灵辞职回家，做了一年多的全职太太。孩子1岁多的时候，凤灵出来上班，普通公司，普通职位，普通工作内容。她工作还算勤勉，认真细致，也得领导赞赏，可是想到未来，她一片茫然。

从前没有孩子的时候，下了班就是玩电脑、逛街，所以毕业好几年还是毫无长进，没有进步，没有升职，也没有加薪。当前有了孩子，家庭开销剧增，当前的收入是肯定维持不了的，况且将来还要供养孩子上学。

凤灵很爱孩子，一下班就会跟孩子在一起。可是，这并非长久之计，她不仅是一个母亲，还是一个社会人。她需要在社会上体现自己的个人价值，也希望自己的进步能够对孩子的成长起到积极的引导和教育作用。如果一味地下班之后只做母亲，生活必然还是一成不变，毫无起色。

30岁出头的凤灵想要改变自己，改变自己的人生。她庆幸自己醒悟得还不算晚，也给自己制订了三年内的发展计划。第一，她报考了岗位内容相关的职业资格证书考试，同时准备拿驾照，下班之后她会在公司多待一会儿看看书，周末去上课；第二，她开始利用坐车的时间温习英语，从最简单的单词开始。偶尔也会看一些文学书籍，让自己保持丰富的语言储备，文笔更流畅，毕竟文案能力是文职类工作的核心竞争力；第三，为了让自己不至于因为一下子安排了很多的课程和内容而感到乏倦，她并没有逼自己太紧，每周她还会安排一次休闲外出，比如和孩子去公园，和老公看电影或者逛街。身体不适的时候，她会以休息为主，康复之后再进行计划。

其实关于下班之后的安排，我们都想做一个学习者和进修者，只是大多数人都有拖延症和懒癌。我想，有可能是我们给自己立的目标太大了，一下子难以达成，难免心灰意冷。如果我们从小目标开始，给自己小的成就感，很有可能会给我们持续的激励作用，让我们从小事做到大事。

还有就是学习最忌讳一心二用，我自己很有感触，特别是上学的时候，总是学的时候想着玩儿，玩儿的时候又惦记着学习，结果学又没学好，玩也没玩畅快。如果我们能够合理地安排自己的时间，不要想着一蹴而就，客观地认识发展和积累的过程，该学的时候学习，该玩的时候就痛痛快快地玩，一定能够事半功倍。

上班族白天本就已经劳累不堪，虽然下班之后有进修的意愿很正常，但是也不能够过快过猛。如果白天的你是孙行者，那么下班之后不妨让自己先做一会儿猪八戒，然后再做沙和尚。求知路本就如西天取经，在适当的时候扮演好合适的角色非常重要。既不要庸庸碌碌，也不要疲于奔命，相信每个人都能获取到自己想要的东西。

3

秦羽是一家公司的销售总监。由于工作性质的原因，经常跟老板出去应酬。抽烟、喝酒、唱歌，甚至逢场作戏。酒桌上他精神抖擞、笑容满面，回到家却疲惫不堪、一句话都懒得说。他不能随意换工作，在这家公司多年了，十分得老板器重。职位不错，薪资待遇也很棒。他不喜欢目前总是喝酒加班的自己，可是他需要这份工作带来的高收入来养家，来支付疾病缠身的亲人的医疗费。

做销售多年了，他从紧张和无措逐渐成长为学会舒缓压力和控制情绪的成熟男人。其实他除了是叱咤商场的精英，还是一个有无数粉丝的微信公众号维护者。每次从外面应酬完回家，他都觉得空虚落寞，可只要让他写上一篇，不快和压力就一扫而光，虽然疲劳，但是他能够满足地睡个好觉。

世界是丰富多彩的，不止有一种颜色，更不止有一种人生。有的人可以做 A 工作，也可以做 B 工作，有的人可以娴静如水，也可以热情似火。而上班的你，可以在工作的时候扮演好自己的角色，为公司创造价值，也可以在下班后抛却身份的枷锁，奔向你想去的地方，做你想做的事情，成为你想成为的人。

我们都是平凡的小人物，平凡到毫不起眼。可是我们能够去坚持做一些平常我们不大可能会做，或者大家都不赞成我们去做的事，让我们成为平凡却独特的生命体。无关身份和金钱，你可以，我也可以。

第八章

人生这个道场里，我们都是修行者

在看不见的地方也要保持天真

1

我们经常听到有孩子的人说：我家那个孩子啊，每天十万个为什么，看到什么都要问，看到什么都好奇。

其实他们忘记了，童年的自己也是这样的，问题多得让大人头痛。我们逐渐从发问者变成了被问者，是因为我们变成了大人，变成了答疑解惑的那个人。

这听上去让人有点失落。有人说成长是最悲伤的，因为这两个字连偏旁都没有。然而，人要长大很容易，可是要保持天真的永不停歇的好奇心和探索欲，却非常难。

我们在时间的潮流推动下会习惯大人的表情、习惯大人的问题处理方式，甚至习惯冷漠和无视。我们慢慢失去了珍贵的天真，这真让人悲哀。

我记得上大学的时候同学谈恋爱，单纯地因为喜欢走到一起，单纯地倾尽全部来爱对方。从现在的角度看来，太天真了。不知房价几何，不看门第高低，甚至不会骑驴找马。是啊，时代在变，连现在的年轻人谈恋爱，都让人看不懂了。恋爱的时候不先看人，倒先去看对方的各种条件，真是本末倒置。

学校里的我们多数天真、单纯，充满正义和热情，而踏入社会之后，现实的无情与残酷慢慢粉碎了我们最初的幻想。我们开始变得更谨慎，心灵开始设防，更有甚者，一念之差，算计了别人。

我们小的时候一直盼着快点长大，如今，我们长大了，可是，并没有想象中的那么好。成年人的世界是复杂的、疲累的，甚至是机械化的。单调和重复几乎是多数成年人的日常状态。能够通过一些小事情、小习惯点缀自己生活的人，只是幸福着的一小部分。

然而，我们还是要用心过好生活，在无数雷同的今天里，找到不一样的部分。用孩童时的心去审视它，兴许你会有意想不到的收获。

2

以柔家境优渥，是父亲的独女。由于母亲早逝，父亲格外疼惜她，一直没有再婚。从小到大，她都拥有很多。然而她最爱的是一款梦游娃娃——6岁时母亲给她的生日礼物。她一直搂着娃娃睡觉，十几年来从未变过。

其实她有很多的娃娃，芭比娃娃、各式各样的毛绒娃娃，可以说都非常漂亮，所有女孩子都会喜欢。可她独爱这款，许是因为是早逝的母亲所赠，许是因为母亲跟她说过："梦游娃娃是最单纯干净的，如果以后你想母亲了，抱着它睡觉就可以梦到我。"当然，梦到一个人绝非是因为什么物品，而是因为想念。

相信我们每个人都会有孩子气的一面，比如说贪吃、爱玩或者有什么其他小孩儿的嗜好。在我们完全信任的人面前，我们总是展现出天真活泼的一面。

有个同学五音不全，唱歌特别难听，可是她就喜欢在洗澡的时候大声唱歌。我们每次听到她唱歌就笑得前俯后仰，可她就是乐此不疲，唱得特别欢乐。有时候整理宿舍的时候，她也边干活边哼歌，身子也左右摆动，就像一只快乐的小企鹅，可爱极了！但涉及学业，她又马上变得一本正经，讲解论文头头是道，判若两人。我想，唱歌是她最天真最孩子气的一面吧。

有个女上司，工作上一丝不苟，严谨严肃。发起火来大家大气儿都不敢出，人送外号"李莫愁"。我们都猜测这个女的没有男人敢要，那么强势，那么咄咄逼人，套装都没有一丝褶皱，那么板的人谁敢娶？可是有一次逛街，竟看到她依偎在一个男人怀里，长发披下来，戴着蝴蝶结发卡，手里拿着个小猪佩奇玩偶，惊得我们下巴都快掉了！如果不是朝夕相处的同事，根本就不可能认出是她！她脸上一贯的严肃没有了，取而代之的是温柔和对男人的迷恋，最搞笑的是：她拿着小！猪！佩！奇！这不是小孩子喜欢的玩具吗？我想，那个男人一定很爱她，才会不嫌弃她幼稚，送给她这样的礼物。

原来，成年人也可以有这样简单的快乐。

从前，我们会为老师给的小红花快乐一整天，会拿床单披在身上扮演电视剧里的仙女快乐地蹦上几个小时，会好奇昨天还是骨朵的花儿今天怎么就绽放了。这些都是因为我们天真，我们的好奇心。慢慢地，这种天真消失了，我们知道了万物生长规律，知道了电视剧里的仙女都是假的，也知道想要讨老师喜欢必须拼命学习，名列前茅。我们成了目标明确、一往无前的人，做每一件事情都有目的、有计划甚至充满功利。

终于，我们可以"恭喜"自己：我们身上的天真已经消失了。

3

生活已然不易，如果长大后依然能有孩子般的天真、纯真和好奇心，该是多么好的一件事。

爸爸是个特别潮的老男人，用微信比我都早。社会上流行什么，他就马上学起来，一到过年还学年轻人集五福，对新生的一些事物好奇得不得了，跟小孩儿一样嚷着要我们教他。妈妈老是笑着说她有六个孩子，爸爸和我们。

姑姑的两个孩子工作之后，她就不再像从前那般拼命了，关了店到处旅行。去探望姑姑的时候，她总是拉着我跟我讲她的旅行见闻，年轻时只顾着赚钱养孩子，哪里都没去过，见得也少。这一出去，发现世界各地奇特的东西多了去了，感觉自己能出来游一游，这辈子真的没白活。她还有一个行李箱，里面装着一些旅行必备的物品，想上哪儿了，说走就走。她说感觉自己又回到了孩童时期，每到一处就仿佛重生一次，一切都是那么新奇、有趣。

他们在我印象里仿若都没有变老，永远那么天真可爱不琐碎。见了我并不像别的老年人那样拉着我问"有没有对象""什么时候生孩子""一个月赚多少钱啊"，而是会问我过得好不好，有没有遇到有趣的事情，或者现在外面流行什么穿着打扮给他们普及一下……和他们在一起觉得甚是有趣、有聊、有情调。

而我们，也该像他们一样，即便慢慢变老、沧海桑田，即便世事不如意，也要给自己的内心放一块自留地，种下天真，种下纯净，种下对这个世界的好奇心，种下对生活的美好期待，生根发芽，让自己的老年生活也永远天真可爱不琐碎。

美，本身就是一种仪式

1

大姑姑出生在 20 世纪 50 年代，是难得的天然美女。母亲说在姑姑婚嫁的年纪，求亲的人几乎踢破了门槛儿。可是大姑姑心气儿高，不想一辈子做农民，就跟了外乡来的姑父去了大城市打拼。

他们做门窗起家，日子还算顺遂，印象中姑姑家里一直很有钱的样子。小时候曾经在暑假的时候到姑姑家小住，她的家不大，但是干净温馨。她每天出门前，都要花上至少一个小时的时间梳妆打扮，美美地出门。姑父脾气急，着急出门儿，总是责怪她，可是她仍然不紧不慢，一步步地上妆，绾好发髻，挎上和衣服相配的包包再出门。

离开家乡和父母，丈夫又比较粗犷不懂得疼人，我想，年轻时的姑姑一定吃了不少苦。可她每回出现在人前，都是美丽安静的样子。我本以为她是父亲的妹妹，没想到竟然是姐姐，大父亲好几岁。如今一双儿女养育成人，姑姑和姑父外出旅游，晒出照片，60 岁的她，竟比父亲年轻许多。她依然着淡淡的妆容，头发纹丝不乱，穿着得体，是个美丽的女人。

姑姑每天给生活以装扮的仪式感，而岁月回报她女人都想要的美丽。

姑姑的衣橱也是，分类清晰，整洁有序。她从不随意买衣服，每一件都是精挑细选。她说："美，是一个女人一生的主题。无论是家庭场合还是宴会、公司，都要给自己准备可以拿得出手的好衣服。要体体面面的，珍惜自己人生中每一个重要的瞬间。"

爱美之心人皆有之，我们每个人都渴望过着精致而美丽的生活。我们羡慕他人美丽的面容，却不知别人为了保养自己的肌肤每天定时定点敷面膜；我们羡慕别人的家整洁温馨，却不知主人为了房间的陈设和色调搭配颇费心思；我们羡慕朋友晒每日所吃的营养餐，却不知他下班后醉心研究美食心无旁骛。说到底，美并不难，我们也无须羡慕别人的精致。美并不是谁所拥有的能力，而是一种有所追求的生活态度，是一种改变生活的小仪式。

当你专注在一件事情上，你总会有所成就，也会收获到幸福感。专注于追求美，美定会对你有所回报。

2

微信朋友圈是个生活气息特别浓的地方，大多数人把自己的生活放在里面。晒跑步的晨间时光，晒美味精致的营养早餐，晒走遍祖国河山的身影心绪，晒读书的感悟和体会，还有养育孩子的艰辛和幸福。

还有些人定时打卡参加培训、学习英语，仪式感十足。虽说各自晒的内容不一样，但心情和追求是一样的。说到底，大家晒的是心情，晒的是幸福，晒的也是成长。

蝶青就是这样一个姑娘，喜欢将自己的生活和感悟分享在朋友圈里。高兴的时候，告诉朋友们自己遇到了什么好事；悲伤的时候，鼓励自己撑下去。这成为她的固定仪式，把成长过程中的点点滴滴记录在朋友圈里，抽空的时候翻阅，惊异自己经历的事情，也欣慰自己人生的丰富。

而这种给生活打卡的仪式，就是一种美，一种实在之美，烟火之美。

我们总是抱怨生活过于平淡，忙忙碌碌又毫无改变，本来五彩斑斓的世界到我们的眼睛里全部变成黑白。而其实，生活中有很多突出的美的瞬间，只需要我们去发现、去创造。

朋友一家喜听音乐会，每次带孩子过去，全家必打扮一番，给小孩子也穿上礼服。还告知孩子入场和散场的仪式。孩子们受家长影响，也对之重视起来，调整言行。以合适的身份和心情去感受音乐会的美。这是一场为音乐而举行的仪式，美丽而动人。

如若不穿礼服，什么都不做，虽然也可以听，可是总觉得少些什么，没有那么庄重、有趣了。

小时候上学，每每发了新书，必定包上漂亮的书皮。还要买新书包、新笔盒，快快乐乐地背着书包奔赴新学期，心情是愉悦的，作业本上写下的字也是工整而漂亮的。

人生需要追求美的仪式感，给单调的生活增加一些趣味和美好。每一个仪式感，既是告别过去，也是全新的开始。

3

　　每个女孩子都爱美，爱漂亮衣服，爱化妆。少不更事的时候，偷偷擦上妈妈的口红；毕业的时候，去面试的我们拥有了第一份完整的妆容；后来，我们习惯了每天在上班前，化好精致的妆；婚礼的时候，我们貌美如花、妆容盛大走向人生的新阶段；20年过去，我们看着自己的女儿重复我们走过的路，而垂垂老矣的老姑娘们，依然不忘在人生某个重要的时刻盛装打扮，光彩照人。

　　这是一场时光的盛宴，时光不会带走美，只会带走容颜，可是我们能够在容颜之外，创造或者留下更多的美在我们身上。超模卡门和伊丽莎白二世告诉我们，就算年近古稀，就算头发斑白，我们依然可以美到不可方物。

　　美是可以一辈子的。因为它从来不是一件物品，也不是单纯的年龄，而是一种不断追求的生活态度。

徜徉在生活的四季里

我们为美所沉醉

看春天生机勃勃

闻夏日荷香四溢

赏秋叶落英缤纷

观冬季晶莹纯粹

多样节日的美好

美食、美衣、美心情

美，本身就是一种仪式

待我追求，待你发现

它，在等你

从未离开，从不隐藏

对时间的敬重，就是对生命的尊重

1

漫妮是个品学兼优的孩子，可惜谈恋爱的时候遇人不淑，渣男让她怀了孕之后就消失无踪了。父母疼爱女儿，考虑到女儿的前途，带她去医院打掉了孩子，希望她能重新开始。渣男走了之后漫妮本就深受打击，孩子没了之后更是日渐消沉，茶饭不思，身体也越发消瘦了。

本来漫妮毕业后可以找一份很好的工作，有一份体面的事业。但是因为这场意外，她毕业后一直在家待业，母亲辞了职精心照顾她，希望她尽快恢复。可是日复一日，漫妮丝毫没有改观。她经常坐在窗前，睡眠不多，吃饭也一般，和家里人也正常说话，就是不愿意出门。好不容易愿意出去了，却突然打扮得花枝招展起来，烫了大波浪，涂了红嘴唇，非常艳丽。她去喝酒，去跳舞，父亲悄悄地在后面跟着，暗暗为她着急。

从前她是一个多么上进积极的孩子，如今正当年华，却整日浪费光阴。父母相信女儿什么都知道，只是在通过现在的行为宣泄自己的苦闷与难过。

有一天漫妮休息前，父亲跟她说："孩子，你受苦了。爸爸理解你。可是你还年轻啊，你现在所经历的一切在人生面前，其实非常渺小。人生路上的挫折很多，多得我们意想不到。我们不能去改变，但是我们可以在挫折来临的时候，去正视它，去和失败握手言和。可能你会觉得上天对你不公平，其实只不过是别人经历的困难我们并不知道罢了。我们所能做的就是在有生之年过好每一天，这就是对时间的敬重，也是对生命的尊重。"

漫妮静静听着，什么也没说。距离那件事情过去已经一年了，其实很多的伤疤时间久了已经愈合，只是每每想起还会隐隐作痛。她看着母亲每日在厨房里为她做营养餐，察觉父亲悄悄跟着保护她，她的心已经慢慢融化了，被父母的爱所填满。她之所以出去疯玩，只是想证明她是活蹦乱跳的，是好好活着的。她曾经是如此地热爱自己的父母，热爱家庭，热爱自己的容颜，也热爱自己的优秀，她活着的每一天都是快乐的，充满希望的，虽然历经风雨，她还是她，并没有改变。

如今悲伤也悲伤过了，疯狂也疯狂过了，是时间整装待发，重新起航了。

我们每一个人都会经历挫折和苦痛，遭受打击后，我们会难受、会消沉，这都是人之常情。一时消沉并不可怕，这可以让我们冷静下来。可怕的是不能从逆境中走出来，把有限的生命浪费在无谓的伤感里。浪费了时间，也辜负了生命。

2

惜晴公司所在的行业遭遇了寒冬，全国的分公司在一个月之内裁掉了3000人。最终每个分公司留下约10名员工留守，等待政策松绑，东山再起。

大家一下子空闲下来，除了按程序和流程维护客户，就再无其他事情可做。总部也清楚员工的工作安排，睁只眼闭只眼，只要每天按时上下班打卡，其他的一概不管。每天上班八小时，只需要一个小时的时间就可把所有工作处理完毕，剩余的7个小时，有人在睡觉，有人在看电影，还有人出去逛街。

惜晴觉得这样的状态不对，同事们都是年轻人，年龄在20～40岁，本应是努力学习、积累经验和履历的黄金时间，可是一个个的如此颓废，浪费时间。如果趁这个时间考个证、看看书，不是很好吗？哪怕是培养一个业余的兴趣爱好，也不失为一件人生乐事。如此庸庸碌碌，只管吃喝玩乐，实在不是年轻人所为。

对于每个人来说，时间首先是生命的衡量单位。从我们出生开始，时间就一直伴随着我们。当然，没有生命，就没有时间。那浪费时间，是否就意味着浪费生命呢？有事可做的时候，我们觉得时间过得很快，有意义而且充实。没事可做的时候，我们会痛苦地想，为什么时间过得那么慢呢？从心理学上来讲，这种浪费时间的行为给人带来了痛苦。而作为上班族的我们，有可能长久地待在一个职位上，薪水也没有发生多少变化，很大的可能是我们没有合理地利用时间，为自己创造让别人赏识我们的价值。

时间是最有灵性的东西，得过且过的人是不可能得到时间给予的馈赠的，只有那些珍惜时间，把每一天过得有意义的人，才可能和时间并肩，有所收获，为生命谱写下绚丽的篇章。

有人在上下班的通勤车里刷抖音、追剧，有人在利用这些碎片时间看书、学英语，也有人趁此机会补个觉以在上班的时候精神抖擞。时间是公平的，有人用20年坐在世界名校的教室里进修，有人却用20年在监狱里悔过。同样是20年的时间，为什么人生会有截然相反的差别？关键在于你如何对待时间，如何利用时间。你如何对待时间，时间就如何对待你。

3

"明日复明日，明日何其多。我生待明日，万事成蹉跎。"这首《明日歌》穿越中华上下五千年，到如今依然脍炙人口，被老师们、家长们、上司们反复念叨。这里说的就是时间的可贵，我们总是觉得还有很多的明天可以使用，可以浪费，可是一天天过去，我们终究会老，身体会老，大脑也会老。到你真正想去学习去重新开始的时候，可能会发现时日无多，脑子也不管用了，后悔晚矣。

"劝君莫惜金缕衣，劝君惜取少年时。花开堪折直须折，莫待无花空折枝。"青春易老，一旦错过便会无穷悔恨。

同事小玉逛街买了几件新衣服，第二天就穿在身上了，果然美不胜收。她说："青春有限，趁着灼灼芳龄，盛世美颜，有漂亮衣服肯定及时穿上啊。难道要去等什么时刻什么场合吗？"听着甚有道理，曾经也是买了美衣，想着等某个时刻再穿，结果一转眼就忘记了。等到想起时，才发现已没有从前那般心境，衣服看起来也没有先前那般美好了。

年轻的时候迫于房贷和车贷的压力，每日节衣缩食，情人节的时候都不舍得和爱人去看一场电影。总想着等到债务还清，换了大房子，手头宽裕的时候再去，其实，岁月催人老，等到那个时间到来，想看电影想出去浪漫的心已经沉寂，再无激情了。岁月就这样淡然而逝，人们也就拄着拐棍，在公园里遛弯儿度过余生。

时间的珍贵之处不仅在于易逝去，还在于过了某时某刻，很多人、很多事、很多心情亦不在了。即便还是那个人，那座城市，心境也会天差地别。请抓住有限的有保质期的时间，及时去做，让生命绽放华彩。

把钱花在让自己富裕的事情上

1

曾有一个叫青岚的同事让我印象深刻。这个姑娘是临安人,容颜有着江南女子的秀美。身材微胖,笑起来圆圆的脸上有两个酒窝,十分喜人。她为人仗义,性情豪爽,她做招聘工作,许是性格原因,工作业绩十分突出。

但是这姑娘感情之事总是不顺,有一个谈了五年的男朋友,爱是很爱的,可是不知道怎么回事,总会有些矛盾,这些年也是分分合合。她也年近三十了,这小伙子是她真心爱慕的人,曾经谈到结婚。男孩子胆子比较小,担心买了房子经济压力大,一直顾左右而言他。青岚非拜金女,她想着双方父母支持再加上两个人的一点积蓄完全可以在杭州付个房子的首付,就可以结婚了。但是不知道什么原因,此事终究未成。

后来我们都离开了那家公司,平时偶有联系。有段时间我发现她总是在朋友圈里晒一只猫。细问她才知道和那个男孩儿已经彻底分手了,这对她的打击很大。她很多次梦见在公交站遇到他,他说:"我要结婚了。"多少次哭着醒来,看到之前充满欢声笑语的家就剩下孤零零的。她一直走不出来,得了轻度抑郁症。后来她就买了这只猫,给猫儿洗澡,给猫儿做吃的,还做衣服,生活开始变得忙碌。猫儿也带给她很多的快乐和感动,她说就是这只猫陪她度过了最难熬的那段日子。

有段时间看到她在买家具,原来她买了个小房子,从装修材料到室内陈设都是亲力亲为,还为猫儿留出一个独立的空间。她不再为了结婚而买房子,而是为了自己有个家而买房子。她经常晒她买的一些画,还有植物,看起来价格不菲。然而,看到她的自拍,我就知道,她是快乐的,满足的。

长假的时候,经常看到她走遍万水千山。什么三亚、桂林、韩国、日本,以及各种各样的美食。她还特别喜欢自拍,每到一处,必有自己的照片上传,每一张都是笑着的。虽已三十好几,但那笑容竟是天真烂漫、无忧无虑的。不仅如此,她还带父母国内国外地转,她的父母在镜头前幸福地笑着。我想，这大概是很多子女的梦想，在父母有生之年带他们走过万水千山，见识各地的风土人情。只是，未必人人都舍得花这份钱。我们总是有自己花钱的地方，房子，车子，孩子的衣服、教育、营养品、我们成家之后，首先想到的是自己的小家，父母的事情不自觉排到了第二位。

我想，现在见到她，大概看不出以前为爱不顾一切的样子了。她懂得规划自己、投资自己，也懂得如何把钱花在有意义的事情上。她已经有了全新的生活，也成就了全新的自己，从前那个男人再站在她面前，她是瞧不上的了。她的视野和心胸都比从前更为宽广，见识也更加地有深度，结婚对她而言，不过是锦上添花的一件事。总有一天，会有一个欣赏她、爱惜她、懂她的男人，陪伴她继续成长，成就更好的青岚。

2

春兰是农村出来的苦孩子，大学毕业后靠着吃苦耐劳做了几年销售，攒下了一些钱。当时房价才开始上涨，想要改变命运的春兰紧紧巴巴付了一套公寓的首付。每个月除了房贷和吃喝，所剩无几。如果是其他人肯定是节俭度日，避免一切不必要的开销。可是她的个性就是不消停，她花了5000块钱报了一个培训班，提升自己的专业水平。为了减轻自己的压力，她用了分期付款。

春兰还是个大龄未婚女，之前谈过两次恋爱，或许是她太强势的原因，都未能修成正果，如今还一直单着。为了保证自己以后结婚的时候能够正常生育，她经常去美容院保养乳腺和卵巢。美容院大家都清楚，暴利行业，虽说能够为健康保驾护航，可是价格确实不菲。对于有房贷的普通工薪族来说，去美容院根本是一件奢侈的事情。可是春兰不这么看，她认为决定女人健康最根本的问题就是乳腺和卵巢，如果这两个器官保养得当，不仅对容颜有益，还可以省下许多去医院的钱。

每次美容卡快用完的时候，春兰都会咬咬牙用信用卡刷掉下一疗程的服务，这样在还未结婚生子之前她就不会那么恐慌，而且保养得体，人也十分自信。

女人结婚生孩子之后，总是被人称作黄脸婆。其实，黄脸婆根本不是以结婚生子为界限，而是因为忙于这些事情，尤其是带孩子，消耗了我们大部分的时间和体力。女人是最有奉献精神的一种动物，在家庭经济压力比较大的情况下，我们总是会砍掉我们自己的那部分花销。买新衣服？算了，去年的还能穿；做头发？不如去给孩子报个兴趣班吧；去美容？难道有谁不会老吗？日复一日，不打扮不关注，变成黄脸婆那只是时间问题。

等到我们发现老公在外面携着年轻漂亮的姑娘们欢笑的时候，我们才惊觉自己的老去。当然，如果一个男人只看女人外表，那也真的是非常肤浅，不值得托付终身。只是，人天生就对美的东西着迷，假如一个自己花枝招展容颜俏丽，一个自己邋里邋遢灰头土脸，你会喜欢哪一个呢？答案是毋庸置疑的。

不是所有的钱都可以省掉的。投资学习，可以提升我们在职场上的竞争力；投资容颜，可以让我们延缓衰老，自信有气质；投资资产，可以让我们收获更多的财富。就算是请朋友吃饭，都可以维护友谊，增进感情。无论是物质富裕还是精神富裕，钱从来不仅仅是功利的。

一个和朋友吃饭从不埋单的人，迟早会失去真心待他的朋友。因为你省的不是钱，而是待朋友的真心。

3

青儿买了个包，花了两万块。闺密说她买这么好的包给谁看，她慢悠悠地说，我买包不是为了给别人看，而是为了自己。我挣钱是为了享受生活，犒劳自己，又不是为了取悦别人。感知幸福的一个重要秘诀就是把钱花在丰富个人体验和感受上。我买的不是包，我买回的是愉悦的心情和自在洒脱的状态。

不只是愉悦感知，聪明的人永远知道把钱花在哪儿可以增加自己的财富与人脉。钱花对了地方，越赚越多。如果一味节省，恐怕会越来越穷。中国是一个礼尚往来的国度，我们经常说谈钱伤感情，但是很多时候，不谈钱才更伤感情。好朋友结婚，亲戚孩子满月酒，同事乔迁之喜，处处都需要金钱来维系。你以为你给出去的是钱吗？不，你给出去的是人情，是你恭贺人家的真心。

在你力所能及的范围内，花点钱回馈别人，是付出，也是收获。你不仅收获了人脉，收获了交情，也收获了别人的真心。能拥有这些，难道不是千金不换的财富吗？

人生无须看透，只需度过

1

　　毕业 5 年了，浩宇还是孑然一身。大学时的女朋友跟了他两年后就离开了，因为实在买不起房子结婚。后来也有人为他介绍对象，但都因为房子的问题不了了之。有一天下班后他和好朋友阿磊一起吃饭，浩宇挺粗犷的大老爷们儿几杯酒下肚之后开始掉眼泪了。

　　他说自己家境一般，结婚这件事情不想啃老。但是以他目前的收入情况对比这居高不下的房价确实非常吃力，他说有时候在想，人活着是为了什么？买房子、结婚、生孩子，总有离开人世的那一天，可是活着的时候却活得那么累，说不定还要连累父母牺牲晚年生活帮他带孩子。父母年纪大了，他现在还没有一笔靠谱的积蓄来应对双亲的疾病风险。想起买房更是觉得遥遥无期，实在是太绝望了。

　　阿磊拍拍他："兄弟，说这些话为时尚早，你才多大？像我们这个年龄的小伙子能够买房的要么是中彩票，要么就是父母实力雄厚。大部分都是要通过好几年的奋斗，才能拥有自己的家。科学家都研究了，初次买房年龄在 32 岁左右。你现在就觉得看透人生，太早了。再过个 5 年你试试？没有人把人生一眼望到头，未来有无限可能。如果你的人生你都提前预知了，那才真的叫没意思，跟拍电影一个样儿。我反倒觉得，就是因为你永远不知道明天会发生什么，所以我们才努力地、勇敢地去琢磨，去往前走。而且，好姑娘还很多，且走且看呢。所谓物以类聚，你得让自己优秀了，才可能吸引好的姑娘靠近你。"

　　每个人活着，或多或少都会经历苦难和磨砺。或为情爱困扰，或为物欲折磨，也有的为权力迷失，身心俱疲，挣扎不堪，到最后甚至一无所有。然而，每个人都有自己要走的路，这些折磨自己的东西终要经历，躲也躲不过。我们既拿不起，也放不下，执着于结果，却忽视了过程。我们急着想要看到最后的胜利，却不关心如何走过去。与其困苦一生，倒不如坦然面对，好好去享受这个过程。不管结果如何，相信只要认真对待生活，对待自己，终会有所得。

2

　　玲子兄弟姐妹五个，她是最小的，今年 23 岁，父母都是 55 岁。20 世纪 80 年代的时候，母亲嫁给了父亲。母亲也是兄弟姐妹五个，作为家里的老大，她一直非常懂事，从小心地善良，吃苦耐劳。可惜父亲不懂珍惜，脾气暴躁，经常打骂母亲。

　　这样的生活一直持续到现在，玲子曾多次问母亲为何不选择离婚。母亲说年轻的时候离婚是很严重的事情，慢慢地有了几个孩子，心思都被孩子的成长所占据。要是离婚了，不敢想象孩子们会过怎样的日子。既然选择了要照顾孩子，就要挺过所有困难，往前走。如今母亲已经有了四个孙子孙女，更加放不下，只一心一意想为儿女减轻负担，贡献自己做母亲的心。

　　要说活着是为了什么，玲子的母亲也想不透，但是想到儿女和孙子辈，也就不去想那么深奥的问题了，就想着要好好活下去，为了自己长辈的心，也为了儿女们的幸福。

　　其实家家都有一本难念的经，表面上看起来光鲜亮丽的家庭也有自己的难言之隐。幸福的婚姻都是一样，而不幸的婚姻却各有各的内情。那结婚到底是为了什么呢？为了爱情，为了繁衍后代，还是为了人生不那么孤单，有人相携着一起走下去？事实上，很多人结婚是因为爱情，而婚姻本身也不是价值的衡量体，很多客观存在的东西并不是因为它具有什么特别的意义或者目的，而是因为存在即是合理，没有为什么。

　　就像王菲和李亚鹏离婚，据说李亚鹏花了半年的时间去思考，可能他也没想明白吧。虽然他愧疚于不能给李嫣一个完整的家庭，可他还是在迷茫中选择了成全。人的一生总会有让我们感到挫败的时候，很多时候我们根本就想不通，可是怎么办呢？人生本就不是这么完美的，也没有谁的人生是可以完美的，总是会有这样或那样的遗憾。我们总是说如果时光倒流如何如何，如果再给我们选择一次的机会如何如何，其实如果真有那一天，我们还是会保持原来的选择。因为某时某刻，你的心情就是那样的，你的眼界就是那样的，没有人可以改变历史，没有人可以不留遗憾。而我们所能做的，就是在这略微遗憾的人生过程中，力所能及地求圆满。

人生本就无须看得那么透，况且你所谓的看透了很可能也只是事情的表象或假象。曾经有同学被渣男抛弃了，她哭着说如果我能再漂亮一点儿，也许他就不会离开我了。如果我身材更好一点儿，他就不会去找那个女孩儿……清醒一点儿吧，姐们儿！是否能长相厮守根本就不是这些原因，这些所谓很明白的原因根本不是你失败的理由，真正的原因只有一个，那就是选择。

3

我们常常说看破红尘，还有些人选择遁入空门。其实空门只是一个罩子，从形式上把你和世俗隔开。入了空门不见得就摆脱烦恼，四大皆空。只不过在日复一日的诵经和沉默中，心会慢慢静下来。身处空门的一个很大作用就是远离了世俗，也少了些追名逐利的烦恼。但真就能看破人生，无牵无挂吗？答案是否定的。

空门只是一个载体，身处其中的人生活单调，规律有序。久而久之，就觉得自己远离红尘，看破人生。其实除了一些确实与佛有缘的人，相当一部分弟子都是在凡尘中遇到了不能解决之事，逃到佛门中消极避世罢了。但如此也有好处，很多想不明白的事情也许就慢慢释然了，想不明白又如何？不再为此执着而痛苦也是一种收获。

看透，不如看开。人活一世，草木一秋，最好能同草木一样洒脱一世，自由自在。既能拿得起，又可放得下。关注过程，热爱过程，短短一生，又何必为这一生中一些渺小的事情而痛苦呢？就让我们去感受世间的美好，包容一切的苦难和不如意，过最简约、最宁静、最单纯的生活吧。

当下的忍耐和等待，是对未来的向往和期待

1

冰冰女儿还不到 1 岁的时候，婆婆得了老年痴呆症，有时候连亲人都不认得，还经常捡些奇怪的东西回家。那时候冰冰的事业正在上升期，很得领导的赏识，前途可谓是一片光明。可是婆婆生病了，公公早年就已经去世，老公工作忙碌，是家里的顶梁柱，冰冰为了照顾孩子和婆婆，就含泪辞了职回去做家庭主妇。

每天她很早起床，为家里人准备早饭，然后带婆婆和女儿出去遛弯，晒太阳。为了让婆婆的病情能够缓解，她经常和婆婆讲家里的事情，帮助老人做认知练习。孩子睡觉的时候，她还自学英语课程，了解社会上发生的事情，以为随时复出上班做准备。不仅如此，为了渡过孩子上学前这段只有老公养家的经济困难期，她还卖掉了自己心爱的几款包包，那是老公买给她的，是她很珍惜的礼物。

她经常忙得不能按时吃饭，甚至会不记得自己有没有吃过饭，可是孩子和婆婆的衣食住行她心细如发、样样周到。朋友们有时候劝她，还那么年轻，离了再找吧。这家庭负担太重了，什么时候是个头儿啊。她说她不是钢铁人，也会觉得累，可是她说看着老人和孩子的笑脸，还有老公的疼爱，她就觉得一切都充满着希望。

转眼 3 年过去了，女儿上了幼儿园。许是婆婆年轻，毕竟才 50 岁出头，在冰冰的精心照料下，婆婆的情况大有好转，独立出门已经没有问题。由于冰冰这几年一直没有放弃学习，很快找到了满意的工作。为了让婆婆更好地恢复身体，她没有让老人接送女儿，而是早上自己送，请了一名阿姨晚上接孩子回家同时做一顿晚饭。这样孩子上学和婆婆的问题都解决了。生活一天比一天好起来。

通常我们在遇到困难和阻碍的时候，会觉得再也走不出来了。其实是因为我们没有学会等待和忍耐，每个人都会遇到困难，这其实并不可怕，可怕的是我们退缩和悲观。当困难来临的时候，我们在不能改变它的情

况下，只能去面对，去思考如何解决，如何往前走。可能有的时候我们暂时找不到办法来解决，那我们就要耐心去等待，一切事物都是发展变化的，目前来看不可逾越的问题，再过一段时间之后，已经消失不见。

有恋爱，就会有分手；有婚姻，就会有离婚；有春风得意，就会有失意；有得意时的鲜花和掌声，就会有失意时的打击和嘲笑。谁都难免处于人生的低谷，而对待低谷的态度和所为，以后能影响你人生的高度和广度。现代社会的发展日新月异，一日千里，很多昨天还炙手可热的行业和职位，转眼就可能消失无踪。而原来行业里的这些人，就会遭遇人生的低谷，不懂得忍耐，不懂得蓄势待发，总有一天会被这个社会所抛弃。

2

父亲的一个朋友，在一家上市企业工作快20年了，可是因为行业转型，他从一个中层管理者成了下岗职工。为了不让他的妻子担心，他每天依然按时出门，他去过咖啡馆、肯德基，无论周围是安静还是喧闹，他都在思考下一步怎么办。毕竟，孩子在上大学，正是需要钱的时候，妻子虽然也有工作，但是他不能让家里的生活质量受任何影响。

考虑了一周后，他决定一边开网约车一边面试。网约车门槛低，挣钱快，加上他勤奋，人和善，很快他每月的收入也能过万。虽然和他做领导时候的收入还有很大差别，但是有了这笔收入，就能让家里的各项开支正常运转。在没有更好的选择之前，这是他作为一个男人最基本的尊严。

能够在如此大的打击下理性忍耐，并用积极的态度对待人生低谷的人，必然能够走出困境，为人生开创新的起点。

塞翁失马焉知非福，最困难的时候往往不是绝境，而是机遇的开始。学会等待，学会耐心，往往有可能是转机。

有人说，人生就是由无数而反复的忍耐和等待连缀而成的。这话说得极有哲理。其实，不但人生是由无数的忍耐和等待连缀而成的，人生本身就是一种忍耐，这兴许是我们活着的一种仪式。在经过一段时间忍耐之后，我们往往能够有非同一般的收获。而在这个过程中，我们学会了等待，学会了克服，更学会了享受苦难与过程。

3

孩子快要上学的时候，萍萍着急了。这些年跟着老公到处搬家，手头 10 万的积蓄都不到。眼看孩子要上学，需要房产，需要户口。急得不行的萍萍咬咬牙和老公一起借了几十万，在一个二线城市付了房子的首付，给孩子落了户口。

孩子顺利上了学，萍萍心头的一块大石头终于落了地。可是每个月的房贷、所欠的外债压得她喘不过气来，特别是有朋友催债的时候，更是捉襟见肘，买药的钱都没有。而且，萍萍还是个爱美的女孩子，每到换季的时候都要买好几件新衣服，如今只能穿旧衣，连孩子的衣服都是穿侄子不要的。

从前结婚的时候，萍萍就计划每年要去两个城市旅行，如今孩子已经 3 岁，哪儿都没去过。每到节假日的时候，看朋友圈里晒的名山大川、绿叶秀水，她都羡慕不已。可是，她从来没有后悔过买房子，更不后悔定居这个城市。萍萍的老家是人口大省，211 高校只有一所，每年高考都是千军万马过独木桥，考到高分不代表就有好学校上，实在是对孩子们太不公平了！所以萍萍和老公选择定居到这个全省有十几所 211 和 985 高校的城市，让孩子能够全面发展，不至于那么辛苦。想到孩子的起点比他们高，萍萍就非常愉快，觉得一切都值了。

我们总是在纠结每个月的支出高，尤其是房贷，其实现在每个月的几千块钱，再过个十年二十年根本不会构成你的负担。你现在所选择的一切，将来都会变成你的优势，你孩子的优势。可能一时你觉得过得很辛苦，然而假以时日，一切都会有所改变。

许多的努力并不是一下子就能看到结果，需要耐心和隐忍。只要我们坚信坚持到底就是胜利，我们终能享受到成功的甘甜。

图书在版编目（CIP）数据

生活需要仪式感 / 漉金沙著 . -- 北京：中国华侨
出版社，2019.9（2020.7 重印）
ISBN 978-7-5113-7886-6

Ⅰ.①生… Ⅱ.①漉… Ⅲ.①生活方式—通俗读物
Ⅳ.① C913.3-49

中国版本图书馆 CIP 数据核字（2019）第 120656 号

生活需要仪式感

著　　者 / 漉金沙
责任编辑 / 黄　威
封面设计 / 冬　凡
文字编辑 / 刘雅君
美术编辑 / 潘　松
经　　销 / 新华书店
开　　本 / 880mm×1230mm　1/32　印张：6　字数：150 千字
印　　刷 / 三河市新新艺印刷有限公司
版　　次 / 2019 年 9 月第 1 版　2021 年 10 月第 5 次印刷
书　　号 / ISBN 978-7-5113-7886-6
定　　价 / 36.00 元

中国华侨出版社　北京市朝阳区西坝河东里 77 号楼底商 5 号
邮编：100028
法律顾问：陈鹰律师事务所
发 行 部：（010）88893001　　传　真：（010）62707370
网　　址：www.oveaschin.com　　E-mail：oveaschin@sina.com

如果发现印装质量问题，影响阅读，请与印刷厂联系调换。